『五箇條御誓文』乾　南陽 筆（聖徳記念絵画館所蔵）
明治元年３月14日、京都御所・紫宸殿に設けられた御神座を前に新国家建設の指針「五箇條御誓文」が天神地祇に誓われた。御誓文は明治維新に至る政治的実践の総括であり、近代日本の理念ともなった。奉読しているのが副総裁・三条実美、玉座で白い装束を召されているのが明治天皇

『枢密院憲法会議』五姓田芳柳 筆（聖徳記念絵画館所蔵）

明治21年６月から約半年間にわたり枢密院において憲法草案の審議が重ねられた。絵は６月18日、赤坂仮皇居で開かれた枢密院憲法会議の様子。中央に明治天皇、その右隣に立つ枢密院議長・伊藤博文が憲法草案の趣旨を説明している

『憲法発布式』和田英作 筆（聖徳記念絵画館所蔵）

明治22年２月11日、新しく竣功した皇居正殿で行われた憲法発布式の様子で、明治天皇から内閣総理大臣・黒田清隆に憲法の原本が授けられる場面。これにより日本はアジアで最初の立憲国家となった。明治天皇はこの日、宮中三殿で憲法発布・皇室典範制定を御奉告のあと憲法発布式に臨まれた。手前段上には皇后（昭憲皇太后）のお姿も

『帝国議会開院式臨御』小杉未醒 筆（聖徳記念絵画館所蔵）

明治23年11月29日、我が国における初めての議会が開かれた。絵は第一回帝国議会開院式の様子。皇族・大臣・枢密顧問官などが侍立する中、中央の明治天皇から貴族院議長・伊藤博文に開院式の勅語が授けられる場面。階下左は衆議院議長・中島信行

はしがき

本書『明治憲法の制定史話』は、昭和六十一年五月から六月にかけて日刊紙「世界日報」に掲載された同名の連載を書籍化したものである。連載はアジア初の近代憲法となった大日本帝国憲法の制定をめぐり、朝野の先人が奔走しながら明治二十二年の発布にこぎつける歴史をひもといた労作であり、長らく書籍化が望まれるところであった。

本年は、明治天皇が新国家建設の指針「五箇条の御誓文」を天神地祇に誓われた明治元年（慶応四、一八六八）より数えて百五十年となる。「明治維新百五十年」として官民による幅広い関連事業も実施されており、平成三十年を契機にあらためて明治の精神に学び、近代日本の歩みを次世代に引き継いでいくための格好の機会とする必要があろう。

そこで今般、神社新報社では、明治維新百五十年記念出版として『大日本帝国憲法制定史』（明治神宮編、昭和五十五年）を復刊し、併せて右記連載の書籍化を図ることとした。

連載の著者である葦津珍彦は九百頁近い大著『大日本帝国憲法制定史』の編纂においても原案執筆を担うなど中

心的役割を果たしており、両書の内容および性格には共通する部分が少なくない。そのため本書を今般復刊する『大日本帝国憲法制定史』のダイジェスト版と位置付け、同書の別冊附録として同梱するとともに、単体の書籍としても頒布することとした次第である。

本書および『大日本帝国憲法制定史』を通じ、英明なる明治天皇のもと君民一体となって制定された大日本帝国憲法の神髄に触れていただき、今後の諸問題を考える際の縁にしていただければ幸いである。

なお本書の編集については、なるべく連載当時の原文に依拠したが、明らかな誤字・脱字や表記の揺れを含め、読みやすさを考慮して部分的に修正を施した。また巻末には、参考資料として大日本帝国憲法・(旧)皇室典範、人物略歴、関係略年表および人名索引を新たに付し、読者の理解に資するようつとめた。

最後に、本書刊行にあたり格別の御理解と御協力を賜った世界日報社に対し、深甚なる謝意を申し上げる次第である。

平成三十年二月十一日

神社新報社代表取締役社長　高　山　亨

目　次

明治憲法の制定史話

葦津珍彦

強大な「憲法の権威感」—条文より歴史に起因—

憲法制度の国百年

日本国がアジアでただ一国、近代的憲法制度の国となってから、すでに百年になる。憲法制度の国とそれ以前の国との違いはいろいろあるが、その一つは憲法権威のある国では、政権の推移が法によって流血の惨を避けて平穏に行われる。ただ憲法という形式の法典があっても、それが事実上は政治の上で行われないで、政権移動が憲法の定め通りに進まないで「実力行使」を必要とするというのでは、実際上の憲法制度の国ではあるまい。

フィリピンでの憲法は、国民投票で大統領を選ぶ投票をして、その集計を見て国会が次の大統領を選ぶことに定めてある。ところが投票は行われたが、それに権力干渉とか激しい抵抗があって、集計の進行中に百人以上もの死者が出た。マルコスは不正だとの声が反対党ばかりでなく、援助国のアメリカでも強くなり、米国がアキノ支持だと分かると、今までマルコス独裁を支えていた軍閥が反マルコスへと急転して、放送局を造反軍が散発戦で占領し、本当はアキノ支持票が多かったのだといって、アキノを大統領にした。米国も日本も「流血なき平和的民主的政変に祝意を表する」と新政権を承認した。

それのよしあしは別として、これは当たり前の憲法政治の国ではない。投票が不正だったならば、公正な選挙をやり直すが法だろう。それでなくては、アキノが百万票多かったか五百万票多かったか、それは永久に分からない。それに法定の国会決議などしていると、マルコスの残党が多いというので、これは無視してともかく憲法の手続きは採らなかった。昨日まで威張っていたマルコスは、自国に住むことの自由も許されないで米国に強制連行された。

それがフィリピンの政治に現実的によいか、わるいかは論評しないが、この国で「民主的憲法の行われていない」のは事実である。「流血なき民主的政変」との日米政府の声明も、ややおかしい。どう強弁しても「予想より少ない流血革命」の語以上でない。

流血のない政変は、むしろタイ王国の軍事政変の慣例となっている。ここでは必ず非憲法的な軍事クーデターで政権が推移する。しかしこの国のクーデターは巧妙で、フィリピンの投票ほどの流血もなく、戦力格差を判定して、あっさり政権の推移が行われる。しかしこの方式も、決して憲法制度とは認めがたい。

改正法手続きが頑固

韓国には李承晩初代大統領以来、外国の法学者が高く評価するほどの「憲法典」があった。しかしその運用を見ると、流血政変かクーデターだ。全斗煥大統領は「流血なき憲法的政権移行」を一義的目標としてかかげている。しかし反体制派の全斗煥憲法に対する反対が政争の核となっている。

こう見て来ると、アジア諸国の中で日本が憲政国であるということは注目されていいことだ。他の諸国よりも、よりよい「憲法典」を有するからでは決してない。今の憲法は一世紀前の明治憲法を「継承する」との法手続きで、国民言論の自由のない時代に改正されたものだ。その時から今にいたるまで、現憲法への批判や不信は大きい。国民の過半が改正希望者である事実は、現憲法で永久政権を保っている自民党が「憲法改正」のキャッチフレーズを棄てては、第一党の地位を保ちがたい事実を見れば分かる。

それなのに何故に憲法改正ができないのか。それは改正の法手続きが、非常識なまでに頑固であるためだ。しかも国民が「改正」を要望しつつも「一国の憲法は合法的に改正されない限り決して破棄すべきでない」との「憲法制度そのものへの権威感」が、驚嘆すべきほどに根が深く強いからだ。

その憲法制度の権威感が、何故それほどに強大なのか。それは逆説的に見えるかもしれないが、明治の「帝国憲法」が生んだのだ。この憲法は、軽薄な法制史家がいうような外国法典の安易な模写でもなく、五年や十年の政治家、学者の所産でもなかったのだ。

大きくいえば二千年の日本国史、短期的に見ても五十年間の国家社会の風潮を根拠にして、あらゆる流派の対立を統合しつつ、練り上げられた。起案の素の実務者の官権にもっとも強烈に抗弁した民権の戦士・犬養毅が最後の渙発《かんぱつ》の日に「この大典の制定の歴史は、万邦に対して範たるべき歴史だ」といったものだ。この法典の内容条文より以上に、その制定の歴史こそが、日本人の憲法権威感を固めたゆえんを銘記すべきだろう。

立憲の社会条件 ―現実政治の潮流が要求―

幕府が祖法を緩和

日本国民の立憲要望の歴史は古い。近代史家は、それを弘化嘉永年代ころからの実際政治の必要上、古い徳川の祖法（幕府閣老の集団独裁制）をゆるめたころからのことと見る。幕府は、京都の天朝の権威に援助を求めるとともに、全国諸藩からの自由な国政意見を求めて、会議政治による外政国論の統一策を考えざるを得なくなった。それはたちまちにして、全国の士族は勿論、農商知識人の言論思想表現の自由を誘発して、門閥身分の封建制の基礎を動揺させるにいたった。

幕府はそれが幕藩体制そのものを根底からおびやかすことを憂えて、しばしばブレーキをかけようとしたが、時勢の大潮流は止めがたく、政局多端、あらゆる苦闘の後に徳川の大政奉還、明治維新となった。

その間に、全国の志士や有識者の間に、多彩な新しい政治体制を求める構想が現れた。それは反徳川の諸有志のみでない。徳川の幕臣ブレーンの側からも現れた。むしろ徳川幕府は諸藩よりも遥かに権力財力も大きく、知識人も多い。それに三世紀に近い鎖国時代を通じて外交権を独占し、幕府のみがオランダ中国等を通じて諸外国の政治軍事社会事情についても、豊富な知識資料をも所有していた。社会事情の転化に応じて、日本の現実的条件の上に、外国の知識を利用するとの構想を立てるには有利な立場にあった。

幕末二十年の政治の現実は、日本が近代的統一国家としての新しい体系を立てることを求めていた。それは、議会政治による国民心理の統一である。幕臣の西周などが、慶応年間にすでに憲法典案を作成して慶喜に進言した。それは当然に徳川的憲法である。

その憲法の構想は概していえば、ヨーロッパの諸侯国連邦制に似ている。天皇を国の精神的権威として立てるが、徳川幕府が政治実権の中枢に立ち、諸藩の連合会議をまとめて行くような政体を考えている。外人の中にも、日本の情勢から見て、中央集権的近代国家になるまでの過渡政体として似たような予想をした者もあった。

五箇条の御誓文〝四民平等思潮〟の興起

これは幕臣としての一構想ではあったが、時の勢いはすでにそれより進んでいた。一国家の一天皇の下に「広く会議を興し、万機公論に決すべし」とし、一元首の下に四民平等を目標とせねばならないとの思潮が高まっていた。幕藩封建の身分制の枠を破り、「官武一途庶民に至る迄、各其志を遂げ、人心をして倦まざらしめんことを要す」との機会均等の人権思想が成長していた。それは国情の現実情況から生み出されたもので、それがいわゆる五箇条の御誓文の維新の国是となるべき社会条件を生み出していた。

世の一般の明治憲法制定史では、この五箇条の御誓文をもって、帝国憲法のスタートとして説明するのが一般となっている。それは勿論誤りでない。しかしこの五箇条の御誓文は少数者のみの新案として、明治維新の政変によって忽然として現れた思想なのではない。

多くの思想史家（藤井甚太郎、佐々木惣一博士など）は、それが少なくとも維新前約二十年間の実際政治の上から現実的に日本人の間で成長した思想であることを証明している。天皇の権威の下に、広く会議を興して万機公論に決すること、この大綱を確実にするためには封建身分制を廃すること（後の語でいえば、四民平等の人権保障の必要）という思想は、あれこれのひとにぎりの思想家や学者の卓説から出て来たものではない。日本の現実政治の流れの中で、徳川政権自らもその必要を感ぜざるを得なかった。

しかも、この憲法的基礎思想が固められ宣言されてから、それが大憲章として法典条文として固まるまでには、国政の中心課題として二十二年の研究討議を経ている。実に半世紀に及ぶ間の国民熱意の結晶であった。それは決して一政派のその場の政策都合や、一学派の思想家や法学者の所産でない。そこには五十年の一国の熱意の総合的重みがかかっている。この制定の歴史の重みが、日本人に「憲法」というものへの格別の権威感を生じさせた。

それが当座局面の政治にとって利か不利かは別の論もあり得よう。アジア諸国では次々に近代憲法ができたが、次々に流血革命で新政権ができれば、前の憲法は棄て去られて新憲法ができる。同一政権でも、政治路線の変更の必要で新憲法が現れる。それは新政権にとって好都合であるのみでなく、政治革新のためにも有利で便利だとの見解も確かにあり得るだろう。

民撰議院建白の前後　―民権家の動き活発化―

西郷、板垣ら下野

明治維新、王政復古の五条の大国是の第一条は「広く会議を興し、万機公論に決すべし」というのである。それは天皇の統合の下に、あらゆる国政についての会議をおこし、やがて天皇制下の議会政治を目標とする。

事実維新早々から、公議所（やがて集議院と改称）が開かれ頻繁な政治会議が開かれて討議は熱心だったが、全国諸藩代表の国政大局に関する見識が不十分で、将来の議会となるべき公議所・集議院の決議は、それほど重要な成果をあげなかった。

緊急な新政治の決定は、ほとんど政府（太政官）が当たった。明治四年、廃藩置県で統一国家体制が固まり、国際外交を重く見た政府の重鎮、岩倉、木戸、大久保以下がエリート新官僚団を引き連れて米欧列強を訪問、あわせて国際知識を学んだ。

その不在間の政府では三条も残ったが、西郷、板垣、副島、江藤、それに大隈等の留守政府が政務に当たった。ところがこの洋行組と留守政府との間に、政見についての大きな開きができて、明治六年の秋に対韓政策を中心として激論を生じた。朝議は岩倉、大久保等の洋行組によって留守政府が採択した案が否決となったので、西郷、板垣、後藤、江藤、副島以下の諸参議は政治責任上下野して政府は全く二分の形となった。

この時に下野した諸参議は、岩倉、大久保をもって、あらゆる点で維新の国是に背くものと信じた。かれらは国民の公論の絶対的多数を代表したものと確信し、万機公論に決する民撰議院が設立されさえすれば、自らの政見が公論として国政を決するのは当然自明として、退官直後に相連署して建白書を提出し公開した。いわゆる「民撰議院設立の建言」は、

臣等伏して方今政権の帰する所を察するに、上帝室に在らず、下人民に在らず、而して独り有司（官僚、役人の意）に帰す

との有名な冒頭の句に始まる。

「今の有司（役人）専制は、天皇の政治でもなく人民の政治でもない」との痛烈な書き出しで議会開設を要求した。

諸参議の中でもっとも熱烈だったのは板垣であろう。建白の正式提出は明治七年一月十七日だが、板垣はそれより前の十二日にすでに愛国公党を結成しており、十四日には板垣系の武市熊吉を隊長とする激派の一隊が岩倉を襲撃し、岩倉は危うく逃れて一命をとりとめた。この熱情のアピールは天下の人々を動揺させた。

全国から請願殺到

岩倉、大久保政府も強気だった。洋学知識人を動員して「時期尚早」の論をおこし、新装備の軍隊を出動させて、民撰議院論を激しく主張している江藤新平等の一党を佐賀城下で挑発して、乱を準備したとしてその一党を破砕し、首領の江藤を惨殺した。

板垣は、維新の兵変に際しては、その武功は大藩薩摩の兵をひきいた西郷ほどの大軍を有しなかったので武功は西郷には及ばなかったが、精鋭の武将としては当代第一と称せられ、土佐の兵力も強大で、佐賀のようにわずかの兵力では鎮圧困難であった。このような殺気天に満つる情況下に、板垣は急速に各地の民権家との連絡をとり、八年には大阪で全国民権家の精鋭代表の集会を開いて政府に対して威圧政策を採った。

政府は板垣と木戸を会談させて、立憲目標の和解政策を採ったが、明治八年四月以後、この大阪会議に結集した土佐以外の民権家の多くが、明治十年の西郷の西南の役の一翼に参加して戦死している。

西南の役の政治性格は複雑であるが、中江兆民や福沢諭吉のような在野民権家の泰斗までが、ひそかに大きな期待をよせた。西南の役は近代史上の最大の内戦となったが、西郷が城山に斃れて兵変はひとまず鎮圧された。

しかし西郷の残党、特に民権激派（加賀、島田一良等の一党）は、政府の大久保利通を襲撃して暗殺し、政府を動揺させた。これを機として全国の民権家が再結集して、議会開設の要望をかかげて福岡県、岡山県、高知県を始めとして全国各府県から議会開設の請願が殺到した。

後世から見れば、請願とは平和合法の運動である。しかしその請願運動を組織し動員しているのは、西南の役前後の叛乱から大久保襲撃隊の残党にいたる戦闘者たちである。しかも、その公然たるリーダーが大政奉還の維新政変での主たる演出者の後藤象二郎、維新兵変で赫々たる武功を認められた板垣退助等々である。

木戸、大久保亡き後の政府閣僚よりも上のランクではあっても下でない。御用学者の「時期尚早論」などで時を稼いだ五、六年前の政治情況とは全く変わって来た。

英明の立憲君主 ―14年の政変に範示す―

元老院案立ち消え

怒濤のような在野の議会開設要求までに、政府の側でもただ何事もしないで放任していたのではない。国会開設、憲法政治は維新以来の天皇の御誓約であり、その精神はその後の詔勅にも示されている。時期尚早とはいい得ても、原則的に反対はできない。明治八年には懇切な詔書が渙発されて、「御誓文の意を拡充して国家立憲の政体を立てる」として「立法機関として元老院」の官制を立てられた。しかしこれは政治的には前記の板垣対木戸の協定で進んだはずだったが、板垣の急進論に木戸が反対して政治的には決裂した。

元老院の官制は残り、堂々たる一級の議官の名を列ねてはいるが、事実上は重視されなかった。ただ議官・福羽美静、幹事・細川潤次郎等がいて、かなりの数の学者を用いて、日本の法制史や外国憲法の訳書、立憲意見文書などを作った。これは後年の憲法起草の討議資料としては役立った。また元老院としての国憲案の草案も作成したが、第三次案（明治十三年）まで各条文に各議官の同意決議が得られないまま、ともかく陛下の御参考までにとして提示された。しかし政府の実権者・岩倉が元老院案には全く不信で立ち消えとなった。

しかし政府は、切迫した国会請願に対して、政府の見解を統一すべく参議要人にその意見を提出させた。各人異色はあるが、概ねは「在野の要求におしきられたのみでは、国政が破綻する」として強気の言語姿勢を示しながらも、しかも実質的には国会開設、憲法制定への慎重な、漸進的準備の要を認めた者が多い。

ただ大隈参議だけがどうしても提出しない。左大臣の有栖川宮が強いて要望されると、「同僚には見せない」との条件で長文の上奏文を捧呈した。それは明治史上有名な文で、多少詳しい政治史には必ず出ているから改めて書かないが、端的にいえば二、三の日本的例外があるだけで、ほとんど英帝国憲法そのままの議院内閣制的な憲法意見書である（ただ英国と異なる点は、欽定憲法主義を原則とし、英国憲法の王位継承法とか国教制度主義を全く無視しており、最高高官として三大臣の永久官制を設ける構想などが目につく）。

これは矢野文雄に執筆を命じたというが、それをほとんど法典化したのが後の交詢社憲法案となる。「天皇は、政府の宰相を任命なさるが、議会の立法権、予算権を強固なものとして、その議会多数党を指導し得る者に内閣首相を任命するとの憲法習律を立てたがいい」というのである（これは大正から昭和の初年までに事実上行われた）。

この意見書を、三条太政大臣の手許で伊藤博文が筆写してその過激急進なのに憤り、岩倉他薩長の全閣僚と連合して、大隈を追放することにした。しかも政局をさらに険悪にしたのは薩閥の黒田清隆が大きな国有財産を破格の安値で払い下げする案を立てて、閣議で大隈以外の閣僚の同意を得ていた。大隈だけが渋って同意しなかったのが民間に洩れて、途方もない利権汚職事件として、在野の新聞や政党から猛烈な攻撃を生じた。議会を設けず、藩閥専制で行くからこのような不義不正が横行すると痛論された。

一人の流血もなし

薩長の閣僚は、大隈と過激野党が通謀して汚職を名として、薩長人をすべて政権から追放して、過激な憲政を決行するのだと解した。これでは維新以来の薩長政権を守るためには何としても大隈を謀反人として、兵力を動員してでも弾圧せねばならないと一決した。

その時に大隈は明治天皇に随行して地方旅行に出ていたが、大隈罷免の勅許を得るべく、警察軍隊の出動を準備して待機した。天皇が帰京なさると全閣僚が一同そろって参内して大隈謀反につき罷免致したいとの勅許を求めた。しかし聖上は極めて冷静で、新聞のみでなく特殊の情報をもたれていた。

天皇は次々に閣僚を指名して質問なされた。国有財産払い下げの正しさを立証し主張し得る者がなくて、それは撤回させられた。大隈謀反の証拠についての御質問に対しても、各閣僚の奉答は次々にあいまいになった。聖上が閣議決定に御不信の御様子は、みなに察せられた。しかし聖上が「大隈を信ずる。薩長政治家すべて退任」とでも命ぜられたらどうなるか。理非はともかく、当時の国政は中央地方を通じて大動揺混乱におちるの他あるまい。

聖上は、大隈が全閣僚と一致しないなら「辞職させるがいい。多年の功もある者だから勅使を以て懇ろに辞任をさせ」と命ぜられた。大隈は辞表を捧呈して門を閉ざし、緊急情況の沈静を見るまで沈黙を守った。大隈直系として活動した高級、中級の官吏多数がすべて野に下った。かれらが民間人として、やがて立憲改進党を創立する中核となった。

維新以来、大きな政治変動では必ず流血の惨事を生じた。それは憲政確立前の外国でも日本でも、避けがたい政治権力の作用であった。明治天皇はそのいくたびかの悲惨をなげき、憲政の大道を志とせられたが、明治十四年の政変に際しては、一人の流血の犠牲もなかった。未だ憲法典はなかったが、すでに聖上は卓抜にして英明なる立憲君主の範を示すほどの修業を積まれていた。

後年に大隈は、往年を回想して「明治天皇の御英知がなければ、あの時におれの命は絶たれて、首を斬られていただろうと思う」と感慨を洩らしたという。

大隈重信の憲法思想 ―英国の議院内閣制模す―

福沢の助言受ける

大隈はその時まで閣僚中で、岩倉を別とすれば第一の実力者だったであろう。かれの政治上の熱意ある助言者は福沢諭吉で、政府の優秀ブレーンも多かった。かれらが立憲改進党をつくった。

維新後の政治的大波乱を通じて、今まで政権の中枢にあって、議会と憲法とをもっとも嫌っていた岩倉も、憲法制定の必要やむべからざるを覚悟した。かれは自ら憲法の大構想を立てるブレーンとして、新進の英才・井上毅を登用して信頼した。井上はこの世紀の大業の中枢として史的な大業を果たすこととなるが、岩倉はすでに老年であり、参議の中に代表的政治家がなくてはならない。井上は、その人物は伊藤博文以外にないと進言した。かくして憲法制定の政府のバックボーンは、岩倉具視、伊藤博文、井上毅が形成することになって行った。

そのころまで、明治初期以来、日本の法近代化のためには、公法でも私法でもフランス法学、アメリカ法学の影響が圧倒的に強かった。お雇い外人の数も多かったが、フランス法学ではその本国のパリ大学でも英才として認められたボアソナードが新立法に大きな影響を与えており、井上毅なども深くその指導を受けて刑法の改正などで協力していた。

伊藤博文、森有礼などは早くから米国法の勉学につとめており、信教自由、政教分離の法理とか、三権分立の法理などを力説していた。英法学の影響は、明らかに米仏に及ばなかった。それなのに大隈がどうしてほとんど英法の形（法理思想の質にはかなりの異質性があるけれども、形としては）英法そのままともいい得る憲法構想を打ち出したのであろうか。一つの問題点である。

その理由の一つは、ただの刑法民法などでなく、全般的な憲法ということになれば、米仏のような共和大統領制の憲法を参考にするのは、日本国の国体との関連上、至難としたこともあろう。現に在野民権の泰斗・福沢諭吉でも中江兆民でもフランスの大統領制が不安定で、真の民権レスピュブリカの点では、英帝国の方が遥かに勝ると力説していた。それのみでなくフランスは大革命以来、共和制も安定せず、皇帝制（ボナパルト帝政、ブルボン王朝、オルレアン王朝）などが次々に現れて、実質的には官僚行政権が有力である。

民撰議会、国民望む

米国の大統領制は、民主的とはいっても行政権の政府権力が強くて、議会の勢力は存外に弱い。日本の国民が熱望している民権というのは、憲法とはいっても主として民撰議会の権力のことである。木戸孝允などは、まず三権分立で専制を改めるを第一段階とし、議会の伸張は時代の進歩によって徐行するとの憲法構想であったが、民撰議会第一を主張する板垣とは相決裂した。事実、日本近代化に関心深い外人の助言は木戸方式が有力で、板垣流でない。

大隈は私的に板垣とは友好的でなかったが、国民の要望は民撰議会の建白以来、明らかに民撰議会の強力を欲している。その国民の要望に対応して行くのには、三権分立論などにこだわらず、世界でもっとも議会権限の強大な英国法を最高目標としてかかげるがいい。現実政治の歩みは当然に反対派との交渉、妥協も必要となるし、大胆にアドバルーンをあげたがいいと考えたのではないか。

欽定主義を前提とする以上、英法に在朝有司がやすやすと同意するはずもない。それで大隈としては「他の閣僚に見せない」との条件で陛下の御参考として急進論を捧呈した。

それが全閣僚に洩れて、大隈は過激な謀反人だとして追放される破目になった。しかし、英明なる聖上は格別に驚きもなさらなかった。ただ「大隈が決して他見させないでくれと頼んだ文を他見させてしまったから大騒ぎになったのが当然だ」とだけ洩らされたと伝えられている。聖上はあらゆる臣民の声を求められた。

この大隈の英国流議院内閣制憲法に、政府が大きな刺激を受けた。政府はこれを在野反対説の中心的目標として対抗して、精力的な研究をすることとなるが、その前に日本の政府が憲法構想について聞いていた有力なフランス、アメリカ、英国人等の助言参考を少しく語っておきたい。

ボアソナードとグラント ―民撰議会設立に反対―

フランス流自然法学

明治八年の元老院設置の前後には、多くの憲法私案が作成されている。しかし政府官僚すじの洋学開明派は、すべてといっていいと思われるが在野の民撰議院には反対である。そのころ洋風の新法制化のためには、外人の教師の雇われた者が少なくないが、中でもフランス人・ボアソナードはパリ大学の教授で本国でも名声の高い一流の権威者だった。

明治政府は多くの優秀な外人専門家を招くのに卓抜な能力を示したが、ボアソナードのような一流学者を日本に連れて来たのは、いささか不思議の感すらある。ボアソナードは多くの日本の秀才に法学の高度の基礎知識を授業し、新しい法律の作成にも多くの業績を残しているが、かれが文明刑法のために拷問禁止の法理を熱情的に講義し建言して、新進の立法官・井上毅が深い理解と協力をして人間的にも、もっとも親交を深めた話は有名である。

明治八年に元老院ができた時に、ボアソナードは司法卿に対し「憲法草案」を提出したが、その草案は今まで残っていないといわれる（大久保泰甫著『日本近代法の父―ボワソナアド』）。

かれの法学はフランス流の自然法学で、右の大久保著によれば「憲法備考」等の文があり、その法思想はほぼ推察理解できるが、当時の日本の国民知識を未だ不十分と考えてか、民撰議会の設立は時期尚早と見てか設立しないで、ただ行政権から独立した立法府を天皇が確立すれば、それで専制政治からの一歩前進ができると助言したようである。

それは木戸孝允などをトップとする開明派官僚の見解と似たものらしく思われるが、当時の日本国民の要求からすれば全く保守的にすぎるもので、元老院あたりでも重視しなかったらしく、草案そのものが残されていないらしい。井上毅などは、立憲途上でも条約改正問題などについては、このフランス法学者に強烈な影響を受けているが、憲法については、フランス法の自然法学流の憲法説は、その後の歴史法学、社会法学の抬頭とともに、時代おくれのものと考えたらしい（ボアソナードは、フランスでは憲法学や経済学の講義をしていた）。

これはフランス人でなく米国人などでも似たものだった。明治十年に米国の大統領を引退したグラント将軍が来日して、明治天皇に親しく新政についての忠告助言をしている。グラントという人物は興味がある。南北戦争で北軍に入り、その才能を高く評価されて、最高司令官として名声を高め大統領となり、一八七〇年三月「選挙権は、人種、体色、以前の服役（南方敗戦者）の如何によって制限せられざるものなり」との憲法修正条項を制定したことは、アメリカ憲政史上特筆さるべき業績である。

かれは大衆の好意を集中し得る非凡の好漢であったが、それが側近の党人や官僚に利用されて、大きな経済的汚職事件をおこして、二期の任期を終わって海外旅行に出た。しかもこの大失策にもかかわらず、経済的なお人好しは改まらず、大きな私的債務を生じて大統領年金などでは始末がつかなくなった。それで出版社から自伝執筆を頼まれて懸命に書いた。その波乱に満ちた自伝は驚嘆すべきベストセラーとなり、大きな印税収入を得た。かれは苦病のベッドで最後まで（死の四日前まで）印税を稼いで債務を支払って病死した。米人好みの英雄である。

新興日本に強い期待

かれは、その経歴で分かるように、当時の白人にはまれな人種平等主義に熱情をもつ人で、新興の日本に大きな期待をかけた。そして、おそらく議会や政党にも不信感があったかもしれない。グラントは二カ月も日本に滞在し聖上にもしばしばお会いしたが、特に明治十二年、陛下の御希望によって浜離宮で、熱心に日本の国政についての忠告対話をした。

かれは痛烈に白人列強政府の不義不正のエゴイズムについて怒りの情を示して、アジアの日清両国が強く相和して、独立を失わないよう努力することを勧告している。

そして日本の新聞紙上に見える民撰議会設立の論に対しては、急進過激で同意しがたいと力説し、議会制を設ける前には、

議会にあまり権限を与えてはならない。まず初めは国民の指導的な人物を挙用して、討論の機会を与える諮問機関程度のものとし、立法の法的権限を与えないがいい。そして国民の政治知識を進歩させ、その上で漸進の策を採るがいい

というのである（正しくは『グラント将軍との御対話筆記』参照）。

グラント案では、議会は法律制定権も予算決定権もない。ただ国民の意思と希望とを請願し陳情する場を与えられるだけである。決定権は政府にあるというのだから、その程度（請願権、陳情権）は法定してはいなくても、すでに日本では実質的に幕末以来行われているといってもいい。フランス法学者・ボアソナードと似たりよったりの保守的意見だった。

これらの外人は日本の現地に来て、日本の科学技術の近代化のスピードの急速なのを認め、感歎しているのである。しかし議会とか憲法の近代化は、その程度の保守の線が合理的だろうと思っている。次に日本の現地は見ていないが、そのころ国際的に自由進歩の哲学者として有名だった英国の哲学的思想家・スペンサーの対日意見を見てみよう。

外人の憲法意見 ―日本人私案より保守的―

スペンサーの助言

そのころ英人・スペンサーは、国際的にも徹底した強硬な自由思想家として名声高い碩学であった。その『社会平権論』などは、明治十年に尾崎行雄の抄訳があり、後に松島剛の訳本も出た。これは当時の日本民権青年にもっとも熱情的感動を与えた。この書にショックを受けて、必死のテロまで決意した者もあるほどの書であるが、洋行不便の時代のこととて民権家でこの著者に直接に交渉して理論研究した人がない。

スペンサーに直接に親しく交じわったのは、明治六年ころの森有礼であろう。スペンサーは森を信頼して懇切な助言教示を惜しまなかった。ところがスペンサーの指導には進化論が深く刻みこまれている。

かれは英国数百年の歴史の進化の成果としての十九世紀の「自由」を論じているのであって、かれの知る限りの日本知識をもってすれば、十九世紀の日本の憲法は、日本人のだれが考えている私案よりも保守的なものでなくては国を亡ぼすという主張だった。

森はスペンサーのきびしい論理に影響されて、日本の洋学知識人ではだれでもが驚くような前近代的な草案を作成した。しかしスペンサーの批判は徹底してきびしかった。スペンサーは頑固に日本政府に森を通じて、その保守主義を助言した。いささか後年になるが、明治十六年か、板垣退助がロンドンに来た時に、森はスペンサーとの会談をすすめた。

板垣は、スペンサーが自由思想家として有名だったので会見したが、日本の憲法の話になると全く対話ができないほどの鋭い対決を生じた。スペンサーは「日本で民撰議会が法制定権をもったり、予算決定権をもつのは四世代も五世代も百年の後のことで、十九世紀の日本人がそんな議会を望むのは国を亡ぼす」との論である。それは板垣にしてみれば、日本の論敵、岩倉、伊藤などよりも遥かに反動の論だ。

かれが日本で自由思想最高の書として国民にすすめていた著者から、このような反論を聞いては黙っておれない。席を立って怒り相罵倒して別れた。

板垣はフランスでもイギリスでも、かれの理想とする「自由」を見聞し得なかった。かれは帰朝後の歓迎会でも、英仏の現実については語らなかったが、維新以来の「自由」への情熱は、晩年の大正時代まで失わなかった。後年、台湾に行って島民の自由精神を鼓吹した。

誤解された森有礼

戦後の明治憲法批判者の中に「伊藤・井上が、やたらとドイツ法学者の助言を求めて憲法を保守反動のものとしたが、米英仏人に学んでおれば今少しく自由なものとなっただろう」という学者がある。全く無知の甚だしいものだ。ここにはフランス人・ボアソナード、米人・グラント、英人・スペンサーなど一流の学者、政治家の話を書いてみたが、かれらは日本人に助言したドイツ法学のどの学派の者よりも、議会（人民）の権限と自由の制約を助言したのだった。

憲法ができた後で金子堅太郎が欧米の学者の批評を求めて歩いたが、その報告書はほぼ儀礼的にほめている文を集めている。しかし、この書には出ていないけれども碩学・スペンサーなどは「あまりにも進歩的で軽薄なのに絶望。私の助言をこれほど無視する日本政府への交際は断る」とまで書いた文が『スペンサー全集』にある。

森有礼はスペンサーに深く影響されて、議会政党政治に痛烈に反対して、極端な保守反動の憲法案を書いたばかりでなく、制憲会議ではいちいち官権主義を力説して、伊藤議長から発言停止を命ぜられた。かれは憲法渙発の日の朝、全くの「誤解」で憂国の壮士に刺殺された。

だがこの「誤解」には理由があった。森という人物は、同情的に評すれば直情径行でいかなる急進洋化論（国語を英語にする論）でも、いかなる反動論（政府不信任禁止論）でも、世の常識を無視して所信を力説する人物で、剛直ではあったが「政治家」としての資質には欠けていた。当時の新知識・徳富蘇峰が森の死に際して書いた評論（『蘇峰文選』にあり）は、いささか冷酷の感をまぬかれないが、当時の世評を代表している。かれは現代でも「誤解」されつづけている。

大隈流「英国憲法」──「交詢社憲法案」成る──

前期は岩倉流に運用

大隈重信が、著名外人などが議会主義憲法などとはほど遠い見解を助言している時に、明治十四年に英国憲法そのままのような憲法構想を上奏した。そのため一大政変がおこった。しかも大隈意見は多少の修正を加えて整理されて、法学的にはいよいよ英国憲法らしいものになった。交詢社憲法案である。政府ではこれを主たる論敵目標として「岩倉憲法綱領」を立てて、草案の研鑽を積んだ。

その結論として制定された憲法は、その表の形から見ると、表の形は岩倉綱領をそのまま法典化したようなものになっている（穂積八束の説）。しかし大隈法の構想も浸透していて、吉野作造がいったように「朝野の二つの政治勢力の交錯線上に成立した」ようなものとなり、端的にいえば、明治憲法はその前期は岩倉流に、後期は大隈流に運用されることともなった。それで大隈流の「英国憲法」がどんなものかを一通り説明しておく。

十九世紀の大英帝国は、地球の全域を植民地化し奴隷化して、その覇権は世界列国の遠く及ばざる大帝国主義だった。この大帝国主義権力のパワーの根源こそは「英帝国々内に限定された自由議会制」の威力だった。これは逆説的に聞こえるかもしれないが、犠牲者の印度の思想家たちがよく解明している。

英国の憲政史は、遠く七世紀前（日本では鎌倉時代）の中世、マグナカルタ大憲章に基づく。それは君権と地方諸侯との戦闘闘争とその停戦条約ともいうべきものであって、その後の国家基本法も概ね同じと見ていい。この君権に激しく対決戦闘した諸侯や聖職者の集団が議会である。歴史の進展とともに、この議会に郷士や市民が加わる。英国王室がローマ教会に反抗して聖公会を立てて以来、政争の中心題目は各教会間の宗教戦争となり、おびただしい流血の内戦がつづくが、その勝敗を決する戦場の核は議会である。清教徒クロンウェルは議会とその兵力によって国王チャールス一世やその高官を、議会決議によって断頭台上で死刑に処する。クロンウェルは議会の権威を高めた功績者として英国議会の前に今も大銅像が立てられている。

協定憲法避ける

やがて王党が勢力を盛り返して、クロンウェルの遺骸をウェストミンスターから引きずり出してテームズ川に流し、その残党を掃滅した。国王として良心的に死をも畏れなかったチャールス一世の銅像が地下から掘り出されて、ロンドンの中心の広場に立てられて（ヴィクトリア時代）今も王党の敬意の象徴として立っている。チャールス一世も反対のクロンウェルもともに生きている。王政復古後にジェイムス二世は、議会との闘争に敗れて海外へ亡命する。

しかし、議会は「聖公会を国教と認め国王が反カソリックで、プロテスタント防衛者たる任務に忠であること」を条件として、海外からの王朝血統の子孫を迎えて即位させて王位継承法を立てる。君権は六、七百年にわたって、しばしば議会反対党の主力——その主勢力は、時代とともに変わって行く——と激しい苛烈な戦闘をしては停戦講和の歴史を積みながら「国家基本法」を作って行った。

その法は数十百にも上るが、それは複雑で一法典にまとめがたいので、英国民はそれを総合して良識的に運用して行く。その良識運用が巧みなので、これを「不文憲法」と称している。名誉革命で成り立った王位継承法確定以後は二、三の危機はあったが、議会の権力は君権よりも徐々に優位を占めて、文明国憲法の典型とされるにいたった。

これは議会を六、七百年の主戦場として来た英国史なくしてはその真精神は理解しがたい。議会の本質は戦場なのであり、議院には剣をおく設備がある。議場は敵味方の間にロープを張って相対決して討論する。憲法とは朝野の戦闘後の講和であり、それを守り守らせるのが憲政である。数百年の戦闘で鍛錬された国民が敵味方相一致した時に、その戦闘力の強大なのはいうまでもない。

しかしこの憲法は、七百年の議会という戦場の歴史があって初めてできた緊張感の強烈なもので、一通りの法理論や政治理論から出て来るものでない。大隈が英法を利用しつつも英法の第一義、協定憲法（筆者の停戦講和主義）を第一に避けているのは賢い（平和な日本人には全く不向きである）。

政府高官の初めの私案は、国土条章から始まる編成だったが、最後案では交詢社案にならって、第一章の天皇から始まる文案となる。また議会の政府不信任決議権が承認され、議会の立法権、財政権が政府の当初案よりも事実上、拡大されて行くこととなった。

交詢社憲法意見　―在野憲法草案の白眉―

優秀な研究者が参加

大隈重信の上奏文では「内閣組織については、多数党の党首」への任命を論じているが、これは英法としても通俗にすぎる。たまたま英国では、二大政党の風潮が長くつづいた。憲法条文の上では、首相を任命する大権は君主の法権であるけれども、議会の立法権、財政権が強くなっているので、絶対多数の第一党の党首を首相に命ずれば統治が行われるが、少数党の政治家では議案で全的に否決されて何もできない。それで第一党党首が首相となるとの憲政習慣ができた。

これは二大政党という政治実情が生み出したもので法なのではない。現に第二次大戦前の政局混乱の時には、多党化して第一党でも第二党でも議会を制御しがたい情況となった。国王ジョージ五世は多くの政治家と会談して結局、第三少数党のマクドナルドを首相に命じて、第一党をして支援させて、英国が国際財政的に破綻に瀕していた難局の乗り切りの大道を開いた。

ジョージ五世のこの時の首相任命権の行使は憲政運用の卓抜なものとされている。それは英国憲政史上有名なことであるが、それは日本人が立憲論争していた時代から三、四十年もの後に生じたことである。

しかし二大政党制などは憲法で法定できることではなく、憲政の英法学の論理から考えればこのようなことの生ずるのは、予想できることである。大隈の構想に従った交詢社憲法の立案者にはなかなかの法学研究者が参加していて、ここのところは、

第一条　天皇ハ宰相並ニ元老院国会院ノ立法両院ニ依テ国ヲ統治ス
第二条　天皇ハ神聖ニシテ犯ス可ラサルモノトス、政務ノ責ハ宰相之ニ当ル
第三条　日本政府ノ歳出入租税国債及諸般ノ法律ハ元老院国会院ニ於テ之ヲ議決シ、天皇ノ批准ヲ得テ始テ法律ノ効アリ
第四条　行政ノ権ハ天皇ニ属シ行政官吏ヲシテ法律ニ遵ヒ総テ其事務ヲ執行セシム
第七条　天皇ハ内閣宰相ヲ置キ万機ノ政ヲ信任スヘシ
第十一条　内閣ノ議決定セサルトキハ首相之ヲ決シテ上裁ヲ仰クヲ得ヘシ
第十二条　首相ハ天皇衆庶ノ望ニ依テ親シク之ヲ撰任シ、其他ノ宰相ハ首相ノ推薦ニ依テ之ヲ命スヘシ

となっている。明文法の理義においては皇帝の至高権を示し、実際政務の執行権は議院多数の支持する内閣がその権限と責任において当たるとの英法をかなり精緻に採っている。しかも英法にとっては重要な、聖公会を国教と定める条件だとか、協定憲法から必然に生ずる王位継承法（国王の権限停止、退位の条件）などは、全く知らないもののかのように無視し去っている。

政府高官らが猛攻撃

当時在野の私擬憲法では、筑前共愛会案などがより急進的（普通選挙）で国粋的（家の重視）な異色を有したが、他の諸案は法学体系の基礎知識なく、法的内部矛盾の多い混乱したもので、交詢社案が政府の論争対抗すべき、ほとんど唯一の存在といってもいいであろう。

政府の高官たちはこの案をもって、天皇統治の大権（特に首相任命の大権）を抹殺して大権を議会にうばい、国体を破壊するものとして猛反撃した。そして表面全く相異なる憲法の起草を進めて行くのだが、その過程において

事実上はこの交詢社案を参考として採り入れた点も少なくない（例、政府高官の草案構成は、初めすべて国家国土の構成などから始まる国家権力構成法で、皇帝は権力の強い行政権者として中ごろから出て来る。政府高官の案は、井上毅のそれでもこの型であった。ところが交詢社憲法案では、前記したようにまず第一条から天皇の条が始まる。この編成は大切な点で、政府案は常に交詢社案を非難しつつも、いつしか次第に交詢社型の第一章を天皇とする編成に移って行った）。

次に大隈意見で、太政大臣以下の永久高官の制があったのが交詢社案では消えている。大隈は上奏にただこの一条を入れて三条太政大臣以下の三大臣を驚かせないための策で書いたものか、それとも後年の元老のように聖旨と議会意思とを疎通させるためとして考えていたのかは分からない。雄弁家として知られ、また沈黙の重大さをよく知った人としての大隈の真意は分かりがたい。しかし首相宰相任命権については、交詢社案は大隈文書よりも遥かに法学的に用意周到に進歩しているといっていい。

井上毅とドイツ法学 ―英法学に対抗で利用―

江藤の教訓が影響

帝国憲法起草の井上毅が初めて本格的に洋風近代化法学の研究を始めたのは、明治五年に大久保利通に随行して渡欧したころからだろう。これは司法卿・江藤新平の指名によるものだったが、江藤の教訓が井上のその後の学風に影響したところが強いように思う。

江藤は「文明開化を急進して条約改正を断行するためには、民法などはフランス法典をそのまま訳して出せばいい。それが国情に不都合ならば、後で改正すればいい」といったとの有名なエピソードを残しているが、ただの過渡時代の軽薄者ではなかった。江藤は井上に対し「各国の制度文物の視察は、各国文明のすべてを学んですべてを採るためでなく、その長を採り短を棄てるためであるから、学習するためでなく観察批評する精神をもって見てこい」と強く力説し銘記させた（『日本の思想家』―朝日ジャーナル編）。

これは井上の学風の特徴となった。かれはフランス民刑法の美点を深くその長を知ってボアソナードと親交を結ぶ。しかし次いでドイツに行ってはドイツ法学の長所を鋭く発見する。各国別の専攻法学者ほどに詳細の知識はないが、世界列国の法学の長短を観察批判する比較法学者としては当代第一人者となった。かれは英法学に対抗するのには、ドイツ法学を利用すべきことを決断し公然表明した。しかしかれはドイツ法学の専攻者でない。ドイツ法学の専門知識は絶えずロエスラーに質し、その長と認めた点を採ったともいえるが、むしろその多くを批判し棄てている。

ここでドイツ法学について概説したい。当時のドイツ、プロシヤの憲法は、英法をまねたベルギー憲法をさらに修正して、君権が強く議会の権限が少ない。英帝国の国権に劣って、それに追いつく目標に熱心な国が君権による国権統一の必要を感じて、議会権限を小さくした。その可否については、法学者の間に多彩で精緻な学説論争が発展した。国権主義も自由主義もあった。日本の自由主義法学者として著名になる美濃部達吉とか佐々木惣一等々の法思想も、ドイツ法学のイェリネックの流れともいうべきか、同じくドイツ法学といっても現行実定法のドイツ（プロシヤ憲法）を良法とする学もあれば、これに批判的で改良を欲する自由主義的ドイツ法学がある。それは区別すべきだ。それを混同すると論理が分からなくなる。

井上毅が明治十四、五年に公然とドイツ法学を利用すべきことを主張したのは、この二者をともに参考すべきだとするドイツ法学だと解していい。しかしその後に、井上の法学は一大進展して「日本固有法の近代化」の線を進むこととなり、伊藤博文などとも二度三度と激しい対決論争を生ずる。

ここに法思想史を混乱させるのは、プロシヤにビスマルク法思想なるものが現実勢力として大きく流行したからである。ビスマルクは、もともとプロシヤ憲法で強い力をもたない議会権限すらも嫌い、人民の自由権すらも無視して、憲法上の議会の予算権も無視した。独断専制で軍備予算の大支出を行い、反政府の政治活動に大弾圧を加える「鉄血政治」を行った。

当然に自由主義者、多くの法学者は「憲法違反」として猛反対したが、ビスマルクの鉄血政策は世界を感歎させるほどの赫々たる業績をあげ、ドイツの勝利と光栄とは多くの国民の礼讃するところとなった。憲法違反としてビスマルクに反対していた議会の諸政党の多くも、権力の謀略によって分裂されて微弱化した。ビスマルクの感歎すべき政治的成功と外交軍事の勝利の連続は、ドイツ人のみでなく十九世紀の外国政治家をも感歎させた。日本の大久保利通や伊藤博文も、ある意味での憧れを感じた。

伊藤案を撤回させる

英国王室と親族関係にあるプロシヤ王室では皇后以下ほとんどがビスマルクの反憲法独裁に反対だったが、ビスマルクは皇帝を引きずって勝利と成功の連続を記録した。この現実不動の事実を見て、法学者の中でもビスマルク違憲反対の説は消極的となり、あるいはビスマルクの権力主義に妥協する者も多くなって来た。世にこれをビスマルク憲法と称する者が現れて来た。伊藤博文などはビスマルクの政治能力に感歎するのみでなく、その政治意見を憲法に反映させる誘惑を感じたことも確かである。

しかし井上毅はビスマルク主義をもって、近代憲法そのものの否定であると確信して、ビスマルク主義を憲法典に入れることには、終始熱烈に反対しつづけて志を達した。

特に議会の予算権をあいまいにしようとした伊藤博文の案が出た時に、井上は痛烈に「閣下はビスマルクの反憲法主義に学ぶのか。ビスマルク主義などを認めるのならば、日本に憲法など作らないがいい」と反対して、博文の案を全的に撤回させている。反ビスマルク主義を信条とした井上の「前年度予算承認」の条文を見て、日本の法学者の中に「これはドイツのビスマルク憲法をまねた」などという者がいるのは呆れた無学である。

この井上の反ビスマルク主義憲法論がいかに痛烈だったかに関心ある人は、明治神宮編『大日本帝国憲法制定史』第十六章を見られたい。

この「前年度予算承認」の条文は、当時のスペイン及びスウェーデン憲法から、その合理性を認めて採択したもので、社会民主国スウェーデンの憲法に今も存続している。この条文はビスマルクが権勢を振るった時代のドイツ、プロシヤ憲法の中にはない。ビスマルクは前年度予算などには何の関係もなしに、国権の必要とする軍事費の拡大支出をやったのだ。

独法の泰斗・グナイスト ―強い国権主義を主張―

社会主義の危険力説

明治十五年、伊藤博文は岩倉綱領を授けられて、多数の随員を従えて憲法調査のために、はなばなしく渡欧する。俗間ではここで伊藤が憲法構想を練ったかのようにいうがそれは誤りだろう。須貝脩一博士（京都大学名誉教授）

は地味堅実な篤学者であるが、結論として伊藤はシュタインやグナイストの碩学と会談して、すでに岩倉の許でできていた立憲主義的綱領の思想の確認を受けて帰って来たにすぎないとの論旨を書いているが、それが「法学的」には真相だと思う。

岩倉綱領は、ロエスラーの調査知識によって、井上毅が研究し立案して岩倉の思想に一致させて書いたものと思われる。須貝説では、伊藤はそれを確認しただけで何もプラスしなかったことになる。法学理論としてはそう見ざるを得ないが、その綱領を一国の大憲章としてリアライズするには、日本の各流各派の政治勢力との間の複雑な政策交渉などが極めて大切であるし、それには伊藤のような政治能力者が自ら「確認」して自信をもつのでなくてはできない。渡欧も徒労ではなかった。伊藤が会談した主たる学者は、ベルリン大学の権威グナイストとウィーン大学で国際的に社会法学の最高権威とされたシュタインである。

グナイストはもともと英国法流の自由主義法学者として、ドイツ法学界で第一流人の地位を占めたが、伊藤や日本人と会談した諸資料を見ると、ビスマルクの圧力もあったかもしれないが、日本側よりも強い国権主義を主張していて保守的である。そしてしきりに社会主義の将来の危険を力説して、議会の選挙権には高い納税資格条件の必要を論じているが、さすがにドイツ流の等級選挙制は無理だろう、日本にはその社会基盤がないといっている。国民の権利についても、日本の帝国憲法よりも遥かにきびしい自由制約の必要を力説している。

その中でも特に興味深いのは、日本の伝統的な宗教によって「国教」を確立して、できればキリスト教も排するがよいが――おそらくかれは合理主義的非キリストの思想を内包していたのではないかと思われる――少なくともゼスイット教会の礼拝堂で、公然と鐘を打ち鳴らすようなことを許すのは断固として禁圧すべきだという。このグナイストの説では、反社会主義、反カトリック主義は、熱心に繰り返されている（以上のことは、明治神宮編『大日本帝国憲法制定史』第十章を参考されたい）。

グナイストは日本政府にロエスラーがいることを知っていた。ロエスラーは遥かに新進学者であるが、グナイストに対して鋭い反対論なども書いたことがある。かれは「ロエスラーは危険な自由主義新進学者だから、ドイツ政府、法学界でも信用がない」といって注意して、グナイストの門弟・モッセを推挙した。伊藤はグナイストの長時日の講義助言に礼儀正しく謝意を表して、かれの推挙したモッセを日本政府で使用することにした。

官僚が次々に訪問

しかし来日後のモッセの提言はことごとくロエスラーに反論されていて、井上毅も伊藤もモッセをロエスラーより遥かに下位に見下しており、モッセは非常に不満だった。ただ日本の要人では山縣有朋がモッセの知識を評価して、憲法ではなくて地方自治政策についてモッセの知識を参考としたといわれている。

伊藤博文の報告書簡などでは、ドイツ法学の第一人者・グナイストとの会見を報じて、大いに得るところがあったとしているが、これは伊藤流の文飾ではないか。かれの真意を端的に推察すれば、ドイツ法学の第一人者でもこの程度ならば、日本政府が考えている憲法が「保守的だ」などとの非難を受けることは決してないとの安堵感に「自信確認」を得たという程度のものだろう。事実モッセが助言したような保守的反動的助言は、帝国憲法の条文の中に見出すことができない。

しかし世の学者の中には、明治憲法とはグナイストの指導下にできたようにいう人が少なくないのは不思議である。ただかれらは具体的に条文をあげての論証をしない。強いて条文を求めれば、グナイストの論の中には当然に十九世紀憲法にはなくてはならない条文の話がいろいろ出て来る——例、議会が立法予算に関与するとか、私有財産は保証されるとか、等々——それを引用してグナイストの指導というとすれば、それはあまりにも形式論にすぎる。

ともかくグナイストは、ベルリン大学の代表法学者としての地位にある。日本の官僚は次々にグナイストを訪問して「近代憲法学」そのものを学んだ。一般憲法学、附属法等の通則を日本人がグナイストを通じて学んだことは少なくない。しかしグナイスト本人の特殊主張を帝国憲法に対して強く進言したことは、すべて日本側では保守的にすぎるとして採択されなかったと判断して誤りないだろう。

一時『西哲夢物語』というかなり権力主義的な書が流布されて、それが政府原案と誤解されて一騒ぎを生じたことがある。それは政府原案ではなくてグナイストの憲法講義テキストにすぎなかった。帝国憲法と相対比すれば明らかだ。

シュタインの論説 ―日本人自らで作るべき―

社会法学の大巨柱

伊藤博文がもっとも敬意を感じたのは、法学者としてはウィーンのシュタインだった。ヨーロッパの法学史は、フランス革命ころからの自然法学は論理的にも実証的にも旧説として消えて、歴史法学の時代となり（前記のグナイストなど）、その歴史法学を批判する社会法学が進出して来た時代である。シュタインはこの社会法学の大巨柱として国際的にも学名を高めた。

このような精神文化では当時のアメリカは非常におくれており、博文が米国で学んだ法学は時代おくれの自然法学だった。「開明派」の博文としては、その点でもまず敬意を感じたかとも思う。もっとも日本の新憲法というのは、博文が明治三、四年に米国で学んだ旧説自然法学を基礎的本質とし、それではあまりにもアナクロすぎるというので、半世紀ばかり前に欧州の新説を移入して多少の修正を加えたものである。

シュタインが教えた憲法思想は、要約すると下記のようなことになる。「法を考えるのに、人類共通の自然法で考えるなどとは全く意味をなさない。国法はその国の歴史と伝統の文化に一致すべきものであるから、日本の歴史文化の研究こそがもっとも大切である。今の日本ではその点での注意が不足するのではないか。ヨーロッパの議会はただ市民の税の少ないことのみを考えているが、今の時代には各国とも新しく各種の社会問題を生じて、階級闘争を始め社会文化の問題で解決すべきことが山積しているが、議会は全く怠っている。ただ国政を議会の決議に待っていたのでは、国家には行きづまりが来る。議会の提案を待たないでも、政府はその行政権によって、法律の許す限り積極的に社会問題の解決のために見識をもって活動する必要がある」というような論旨を滔々《とうとう》として熱弁に語り聞かせた。

かれの特徴は行政法学に詳しく、行政官の見識と努力によって社会問題の解決と進歩を目標とする点にあった。伊藤は長時日の講話を聞き、多くのエリート官僚にシュタインの説を学ばせている。西園寺公望が駐ウィーン公使として親しくしていたが、伊藤とは友好的でない在野の後藤象二郎とか谷干城、それに国粋家の海江田信義、丸山作楽等にいたるまで、日本人のシュタイン訪問研究者はすこぶる多い。

それでシュタインの資料は決して少なくないが、かれの洋行日本人に対する評価はあまり高くない。「日本人は即時当用の知識を求めるに急で、深い法哲学の理解がない」とも洩らしている。西園寺が古風の女性人形を贈ったら「これは優美だ。自分は洋装の日本女性を見て、日本人の美的センスを疑っていたが、日本伝統文化には素晴らしい美のセンスがある」といったとか伝えられる。

渡日要請を辞す

また「日本の文化を大陸漢文化の一部のように解している者が少なくないが、私には同感しがたい。いかなる点からしても、日本には全く異質の特殊文化があるはずだ。歴史研究を深めよ」といったようなエピソードが多い。世には海江田の『須多因氏講義筆記』が有名であるが、むしろ谷干城との問答の方が正確にかれの思想を伝えているかもしれない。

伊藤がどこまで深く法哲学を理解したかは保証しがたいが、かれは最高の礼をつくして、来日して憲法制定への援助を求めた。これに対してシュタインは、陛下の思召に恐懼した長文の拝辞文を書いているが名文である。その中で、特に注目をひく重要点は、

自分は日本語を知らない。それでは日本人の真の民情を知り得ず、旧来の歴史慣行を採択することができない。これでは到底お役に立たないのは必然であり、寸功もあげ得ないのは分かりきっている

と切言している。日本の憲法は、日本語を解し、日本の歴史伝統習慣と現実の深い民情をよく知りつくした者、日本人自らの作るべきものだとのかれの主張の第一義が渡日辞退の理由だ。ただかれは、二義的に外国法を参考に検討される時には、自分は英仏独法等の調査批判資料を参考に供するには十分の自信があると述べている（原文は、『伊藤博文伝』に長い全文がある）。

『明治文化全集』で、有名な法学者がシュタインの進歩的地位をほめて、帝国憲法条文にその影響の見えないのは、当局者がシュタインの進歩主義を敬遠したのだろうなどと評しているのを見たが、見当違いも甚だしい。伊藤は憲法制定がすむまで、最高の助言者として高い礼金を贈りつづけており、多くの研究者をシュタインのところにやった。敬遠などとは全く見当違いである。

ただシュタイン的条文といい得るのは、第九条（これは自然法学者からは反動的といわれたものだが、社会法学では進歩的と評された）があるのみである。その影響条文の見えないのは、かれが「日本の憲法は日本人のみが作り得るし、作るべきだ」との法哲学の根本を教えるのに熱心で、その主張に忠実だったからである。

ロエスラーの助言 ―「万世一系」で宗教上の異論―

反ビスマルク主義者

日本の立憲当時では、国際的にビスマルクのプロシヤへの批判は少なくなかったが、「ドイツ法学」の評価は高く、英国のダイシーでも日本がドイツ法学を参考としたのは賢明だとほめている。しかし現実に立憲の作業に参加したのはほとんどロエスラーのみで、グナイスト系のモッセは圏外におかれたも同じ形で、不平満々であった。ただロエスラーは岩倉綱領以来、井上毅とともに協力した人物で、その存在は決して無視できない。

ロエスラーはキリスト教の熱心な信者であったが、ドイツ法学者の中でもっとも精鋭な反ビスマルク主義者として名声があって、前にグナイストもいったようにドイツの各大学でも敬遠されていて、海外亡命でもする他ない情況にあった。その情況を十分に知ってか否かは分からないが、日本政府へ招く契約をした。これを聞いて、鉄血宰相ビスマルクは激怒して青木日本大使を招致し、「日本政府は反ビスマルク主義者を支援するつもりなのか」と詰問した。

弱小日本の公使としてこの詰問は、かなりの重圧だったろう。公使は契約ずみのことでもあったので、日本政府には、全くそんな意思はない。ロエスラーを雇った任務は、ただ外国法の調査技術等の下級のポストで、政府の政策に影響するような高級な仕事はさせない

と弁明してやっと了解を得て来日させた。ロエスラーはベルリン大学のグナイストからすら「過激自由思想者」と評された人だ。明らかにドイツ法学者ではあるが、かれは代表的反ビスマルク主義者である。近代史家の明治史に、こともなげに「ビスマルク、グナイスト、ロエスエル等のドイツ法学を範として、憲法を作った」などと平然と書いたものがある。これは「外人は右翼も左翼も同じ邪宗門の紅毛人」という認識と似た程度のもので、何とも評する言葉がない。

ロエスラーのまじめで誠実な人間像は、上智大学教授J・ジーメス著『日本国家の近代化とロェスラー』等によく示されている。かれが来日したころの最高官は三条実美であるが、この太政大臣に対しては忠直の人として敬しているが、閣僚級の政治家は（伊藤をもふくめて）名利を求める俗物だと見ている。ただ中堅・新鋭のエリート官僚の中に、愛国的で文明進歩を求める士の存在を認めて、日本国の将来に理想と期待とをもっている。

かれの学識は、日本の要人の中で十分に高く評価されている。協力者の井上毅は大小となくロエスラーに調査を依頼したり、その見解を質している。実に問答は頻繁である。ただ注目すべき点は、ロエスラーの「外国知識」は信頼し高く評価するが、それの採否は日本人たる者がしなくてはならないとの意識が、井上の側にはいつも強く働いている。

頻繁に井上と論議

それは分かりきった話だが、ロエスラーとしてはその主体性を有する日本人は伊藤博文であって、井上毅でないと思ったのだと思われる。そこで井上対ロエスラーの間では、しばしば政策の可否についての論争を生じている。

その資料は多いが主たるもの三、四をあげる。

「大日本帝国ハ万世一系ノ天皇之ヲ統治ス」。ロエスラーは熱心で忠実なキリスト者として、将来永遠を意味する「万世一系」の語を人間が法定するのは神を畏れず、神の摂理に対する不敬の語で、天を怒らせると断ずる。熱烈かつ深刻に反対したが、井上はそれをキリスト的宗教迷信として全く無視して退けた。

次に「天皇ハ神聖ニシテ侵スヘカラス」。井上は天皇への神聖感はあるが、この条文を嫌った。この神聖感は自然の国民感情で、それを世俗国家法で法定するのは却って品格がよくない。これを外国憲法の君主無答責原則として書きたければ、ただ「神聖ナリ」の一語でいい。ことさら「侵スヘカラス」などと明記するのは風格を下げるだけだと反対した。

しかしロエスラーは立憲法治国となる以上、諸外国立憲君主の通例にならってこの条文を明記するのは、特別の裁判との関連などを考えて絶対必要だと力説して、伊藤以下諸高官を説得して条文化した。これを日本憲法の特例と考える者が世間に多いが、これは日本固有法説の井上を破って、ロエスラーの洋学憲法が採択された著しい一例である。

男統の皇位は絶対

またロエスラーは、皇室の皇位継承法では、日本の元老院案や公家の柳原前光などと同じく、男統男子の優位を認めながらも、その適格者のない時には女統の男女でも承認するのが皇室の世襲制のためにいいと信じて、最後の一人になるまで主張している。これはオランダ、英国等の法にならったものだ。

しかしこれは、在野大隈系の島田三郎などが早くから反対しており、政府側では井上毅が決定的に反対して抹殺された。

日本の歴史では女帝の例は存外に少なくないが、すべて男統（その父なる方が皇統）のみで、女統の例は男帝も女帝もともに、全くない。それは分かりやすくいえば、皇統から藤原等の公家とか徳川などのような名門に嫁した女性の子であって、それは一度は臣下となった人である。それを皇位につけるのは、日本人の伝統的な民族感情からして、君臣の大義をみだるものとなる。また皇室内の親戚関係をみだす。

日本の固有法では不文法時代以来、男統の皇位というのは絶対条件である。女統論者はその国史の重みを知らないで、ただロジックで「適格者のない場合」などというが、日本では皇統適格者を必ず存在させる制度こそ必要である。適格者が万一少ないと思われる時には皇統の皇族を長く保存し（五世以下でも皇族とする）、皇族が多きにすぎる時には姓を賜って臣籍に下せばいいとの法思想が根底にある。これは日本の固有国体法をよく知る者として正しい。

島田三郎、井上毅の案が結局は勝利を得たが、日本人の女統説論者・柳原前光が沈黙した後も、ロエスラーは最後まで女統承認説だった。

そして予算についての論争がある。伊藤博文が憲法起案中に議会権限の制約を考えたことがあった。井上毅は猛反発して、伊藤案のようなものなら憲法はない方がいいとまで言明して論争した。ロエスラーは調停の意もあってか、政府と議会とが不一致で混乱する時はその情況を見て天皇の君権を発動し、天皇が改めて「裁決」する案を示した。井上は「伊藤のみでなくロエスラーまでもがビスマルク主義となったか」と怒り、痛烈な論争で一歩も当初原案から退かないで、悲壮な論争をして立憲議会の権限を守りぬいた。

伊藤もロエスラーも後退した。この論争資料だけを見ると、井上の悲壮な威力に感激するのみである。しかし伊藤を撤退させたのは井上の憲法法理のみではなかったらしい。

そのころ伊藤は外政上の必要から長年の間、相敵対した大隈と和解協力する必要にせまられていた。大隈は和解条件として憲法案の一致を要求した。伊藤はその一致を公約しなかったが、数度の会談である程度の「精神的了解」をせざるを得なかった。この大隈との和解の必要という政治が、伊藤をして議会権限に固執する井上案承認の圧力作用となったというのが、どうも政治の実相らしい。

自然法学者から批判

中江兆民などは、そのころ『三酔人経綸問答』を書いて、その原稿を井上毅に内示してその感想を求めて懇談していたし（『蘇峰文選』に明記）、「その印税では米塩の資に足らぬから借金したい」と大隈に気楽に依頼している。このような情報通の自由なオピニオン・リーダーが存在する社会情況下で、朝野の情報がかなりの確度で相通じ、間接影響を及ぼしていたと推測するのは決して無理ではない。

ロエスラーの日本の憲法に与えたもっとも大きなものは第九条である。

天皇ハ法律ヲ執行スル為ニ又ハ公共ノ安寧秩序ヲ保持シ及臣民ノ幸福ヲ増進スル為ニ必要ナル命令ヲ発シ又ハ発セシム但シ命令ヲ以テ法律ヲ変更スルコトヲ得ス

これは事実上、政府行政権に広い命令権を与えたものであり、国政全般を議会の立法する法律によるべきことを第一義とする自然法学者からの批判がきびしい。初めは井上毅も迷ったという。自然法学の影響下にある法学者は、これが非立憲の専制に流れるおそれがあると批判した学者が少なくない。しかしここに社会法学の端的な主張がある（ロエスラーは歴史法学のグナイストに反対したが、シュタインの社会法学には敬意を表した）。

社会法学者・ロエスラーの研究者としてジーメスとか須貝脩一は、この法こそ日本の急速な近代化を進めたとの功績の側面を評価するもののようである。議会人の見識や熱意が十分であれば法律万能主義もいいだろうが、現実にはどこの議会も無能無知で怠け者が多い。社会法学が進出したのはそこに確かに一理があったし、しかも「命令ヲ以テ法律ヲ変更スルコトヲ得ス」との明らかな但書は、立法府議会に見識がありさえすれば、決して官僚専制に流れる余地のないことを保障しているのではないか。議会はいつでも行政命令を否定する権限を保留していたといい得る。

戦後に憲法制定史を論評する人は、一般にそのころのヨーロッパの思想史の知識に不足するのではないか。十九世紀の後半のヨーロッパの進歩思想は、各流の社会主義の猛然とおこった時代で「国家とか国法憲法は、本質的に支配階級の人民抑圧の手段にすぎない」との主張が広まった時代だ。この社会主義の急上昇に対して、英独仏の法学者はほとんど保守的だった時代だ（グナイストなども著しい。英仏法学者も、ほぼ同じ）。

社会法学者が社会主義には不同意ながらも、その発展に一理のあることを認めて、無知なブルジョワ議会ではなくて、「賢明な君主と行政官」によって社会改革の必要を主張していた。ロエスラーなどもその風が著しい。かれの行政命令権への期待する第九条はその現れで、それを旧説の自然法思想以前の官権主義と混同して反動的だとあっさり評する者は、法学思想史の知識に欠けているのではないか（『日本国家の近代化とロェスラー』J・ジーメス著、本間英世訳等参照）。

条約改正外交の難関 ―伊藤博文、大隈に接近―

パーティー外交に力

伊藤博文と大隈重信とは、明治十四年の政変以来は朝野の相対決する巨頭として、特に憲法問題で全く反対者の代表のように見られて来た。ところが日本外交の重大懸案であった条約改正外交の必要上、この両者の間に接近の機会が生じて来た。

日本と諸列強との国交条約は不平等で、日本には諸外国との関税についての対等権がなく、また在日外人に対しての裁判権に著しく不平等で対等独立国としての権利がなかった。これを対等独立の条約に改正したいとの切望は維新以来、日本の朝野一致のものであった。それには日本が外国に劣らない近代文明国であるとの印象を列強に与えねばならない。

伊藤内閣は、そのために日本の国法の近代化を急いだ。日本の貴族高官を欧化近代化の新風に導き、外人との親善的社交をすすめて、史上いわゆる鹿鳴館時代のパーティー外交に熱中した。内閣としては、それは日本国を諸先進国と劣らない文明国として認めさせ、不平等条約を改正するための基礎作りとして必須のものと確信した。しかしこの貴族高官の洋風的文化の変質が、一般国民の間にはすこぶる反感を誘発して、特権階級の軽薄贅沢な外人追従と見えた。

有司の専制を憤って国会開設に直進していた急進民権の戦闘集団（筑前玄洋社など）は、日本文明を高揚し、誇り高き日本国としての条約改正を主張した代表的なものであるが、日本の在野民権勢力にそれと相似た欧化礼讃反対のナショナリズム的国粋の気風が成長して来て、政府と著しい対極を示した。

在朝の高官は、在野のような主張では現実外交はできないと確信した。井上馨外相などは、青年時代には攘夷派の激烈な志士であったが、外交の長官としては、今や「日本帝国の困難と危機」を論じて、公然と「本大臣ハオモエラク、之ニ処スルノ道ハタダ我帝国及ビ人民ヲ化シテ、アタカモ欧州邦国ノ如ク、アタカモ欧州人民ノ如クナラシムルニ在ルノミ。即チ之ヲ切言スレバ、欧州的一新帝国ヲ東洋ノ表ニ造出スルニ在ルノミ」と閣議で主張した（『世外井上公伝』）。

かれは欧化の急を力説するのあまり、欧化教育、社交のみでは間に合わないとて、白人との国際結婚までも力説し奨励した。かれは条約改正が一気にできねば、まず国家財政の緊急の必要上、関税についての平等条約を結び、日本の新立法は事前に先進国に通告し、裁判官に先進国判事を入れてもいいと主張した。しかも伊藤首相と井上外相は維新前からの無二の同志親友で、その議は内閣を圧した。

この時に政府内で必死の反対をおこしたのが親日の外人・ボアソナードだったのは銘記すべきだ。井上外交の論は良識を失っているが、かれの戦闘的威力は閣内を圧していた。しかしボアソナードは、これでは日本は利を求めて独立を失うと信じた。特にかれは、かれが協力している新立法を外国に事前通告する義務を認めるとは、一国の立法に外国の修正希望を認めることとなり全く独立国となり得ないとした。

かれは閣僚に進言してもいれられないで、最後に井上毅を訪問して「この日本の高官には、ただ一人の憂国者もいないのか。貴官は何故にこの大事を無視するか」と井上外交の非を詳細に論述して、その決起を求めた。この来訪の時、ボアソナードは軽薄なパーティー外交、社交の流行を憤慨して詰問的にせまった。その親日憂憤の情況、その論理の決然とした印象は井上毅がありのままに詳しく筆記している。その文は感動的である。井上毅も決断して山田法相に同意を求め、山田も井上外交反対となる。井上外相は初め「ボアソナードを国外に追放せよ」などと怒ったが、形勢逆転して、ついに外相を退くことになる。

憲法構想で交渉

条約改正外交の失敗は、政府にとって致命的な破綻だった。井上案を修正して政府内を統制することはできても在野に満ちた政府への不信反抗は抑制の道がない。

ここで伊藤は、大隈重信ならば現実的理性の話が分かる男でもあるし、少なくとも在野反対者の半分には強い影響力もある。それに決断すれば、生死を無視して動じない剛毅の人物である。久しい不和を解消して、日本外交の困難を克服するのは大隈以外にないと思って、親しく会談して危機克服の道を懇談したいと思った。この時の伊藤の心情は、私心を棄てきって国を憂うるものと評していいだろう。

明治二十年の九月ころから、伊藤・大隈会談が始められる。大隈は、伊藤の外政についての考えの大綱には了解したが、かれは憲法問題について政権を追われた時には生死の危地に立たされた人物だ。しかも多くの在野同志を指導して来た。この重大事を無視して、伊藤外交の後始末だけするわけに行かぬ。当然憲法構想についての再討議をしなくてはならない。大隈の提案は往年同一線上にあったが政治家としては成長し進歩している。

大隈の法制参謀の主たる者は、明治十四年の上奏文の代筆者・矢野文雄である。矢野は名文家として知られ『経国美談』などのベストセラーを書いたが、その後ヨーロッパの視察に行き、特に英国では詳しく議会政治の実情を見聞して学んだ。かれは、

立憲の政治がただ抽象的な理想や観念、あるいは法典の作成などでできるものではなく、国民の気風こそが大切なのだと痛感した。ラテン系諸国がラジカルな法典を作っても成功しないし、英国では法典そのものは古典的な型のままでもその気風によって進歩的な憲政も行われる

との論で、この趣旨を徳富の『国民之友』などで社会的に主張するのみでなく、大隈にも説得した。大隈は実際政治家であり、矢野の論を待つまでもなく分かっていただろう。

伊藤が外政で行きづまり、大隈に外政協力を求めて来たのを好機として、矢野は入閣条件として憲法構想についての大綱一致の交渉を求めた。

伊藤・大隈の懇談 ―両者に「精神的了解」―

責任内閣制を主張

明治二十年九月から翌年の一月まで約五カ月にわたって、しきりに伊藤・大隈会談が行われている。大隈の謀将は矢野であり、大隈のその時の主張は矢野の文書として残っているが、もっとも大切な点は、大隈が五年前のような「議院内閣制」――内閣の進退をすべて議院が決するとの制度――の形は固執しないけれども、責任内閣制――議会で不信任され、解散してもなお議会信任を得られない内閣は責任をとって辞するとの制度である――を、憲法構想とすべく主張したことである。

政府側としては今まで野党案を一切否定して、内閣の進退は専ら天皇大権によって決すべきものであると主張して来た大綱目の変更であって事重大である。現に山縣などは、伊藤・大隈会談を危険視して、しばしば警告している始末である。

この間に矢野が進言した文書は残っているが、伊藤・大隈の会談記録は、全くない。伊藤直系の金子堅太郎は、関係者がすべて死んだ後に、あの時は伊藤が文書を焼いて大隈案を全的に拒否して入閣させたと語っているが、金子の回顧談なるものは史学的に検証して、他にも不信の例が随分と多い。

大隈研究の史家・渡辺幾治郎は、この時に文書の公約はしなかったが、両者の間で「精神的了解」ができて、大隈が入閣したとの説である。

渡辺説が正しいであろう。五カ月もの長期交渉で、大隈がすべて拒否されたままなら政敵関係が強まりこそすれ、何も命懸けの外交責任を引き受けるはずもない（現に大隈は、それから一年有半の後に爆撃されて死生の間をさまよって片脚を失った）。それに伊藤としても絶対に妥協しがたい大隈を、一年有半後に必ず制定渙発しなければならない憲法案を検討中に、副総理の外相に推挙依頼することもないだろう。もともと責任内閣制というのは、法典条文で明記しなくてはならないわけでない。議会の立法権、予算決定権、決議権等が強くなれば自然にできるものなのだ。

前に述べた井上毅が伊藤に対して、そのビスマルク主義的に議会の予算決議権を圧縮しようとするのには悲壮な反対論争を始めたのは明治二十年九月であって、あたかも伊藤・大隈の極秘政治交渉が始まったのと同一時である。伊藤対井上の法理論争の文中には、一語として大隈の名は出ていない。しかし論争は同時期に進行している。

伊藤は下僚の井上の反論を読みながら、井上の反論すらも聞き入れないでは大隈との妥協など到底望みがたいことは、分かりすぎるほど分かったはずだ。

この時に内閣機密の任務にある井上毅が間接的にでも大隈と連絡したことは決してあるまい。しかし井上毅が上司・伊藤に激しい反論をしたのが存外に聞き入れられたのは、大隈の憲政論が間接に大きな作用をしたと推測するのは、極めて自然である。

井上の反論聞き入れ

井上は政府の中枢にあって、しかも反対野党の思想理論のみでなく、その反対論の熱度をも、もっともよく知り政府権力の限界線をはっきりと認めて条約改正の政府案にも強く反対忠告したし、伊藤のビスマルク的条文にも断固反対した。それは朝野の間の対決を宥和して行く作用をした。

明治十四年の政変以来、政府と理論的にもっとも対決の主流だった改進党は、大隈党首の入閣によって、ともかく政府と一致を求めて話し合いのできる関係になった。

しかし野党の中でも、いわゆる自由党系は大阪事件、福島事件、静岡事件、秩父事件等の小反乱的事件を頻発させ、板垣退助は聖上に対して政府の非政を糾弾する痛切な上奏文を呈し、特に華族制度の特権設定に反対した。板垣は維新の功によって伯爵とされたが、その辞退を懇請したものの、伊藤が授爵辞退を拒否した。政府は世界の制憲史を見て、少数野党の反対はやむことを得ないと見て、明治二十年の歳末に保安条例を発して、主として自由党の急進野党分子に東京から強制退去を命じた。

ただ過激壮士のみでなく、当代一流の理論家・中江兆民などまで追放されて、かれは大阪に退去して、新聞を発行して進歩的憲法思想の必要を全国に対してアピールしつづけた。井上毅は、これを暴圧として政府部内で警察当局に抗議している。この時に在野の勝海舟なども、追放された側に明らかに同情している。

海舟は旧幕臣で政治的要位にはいないが、その卓抜な見識と才能は根強く残存しており、新聞人などには進歩派でも海舟の影響が深かった。言論界でも新進の徳富蘇峰、それに中江兆民などは特に勝と親近の間にあった。

憲法発布公約一年前の政情は決して静穏ではなかった。ただ例外的なエピソードとしては、筑前玄洋社の頭山満が新橋の宿に滞在しており、警官隊が退去を命じたのに対して、超人的ともいうべき威圧の一語をもって拒否し、そのまま滞京していたと伝えられている。頭山の政治史上の事蹟は自ら書き残したものはなく、余人の伝承のみであって確証しがたいことが多いが、この時点での頭山の事蹟は定かでない（かれの門弟・来島恒喜が大隈外相を爆撃する一年半前）。

井上毅の日本固有法　―王道思想とほぼ一致―

精力的に国典を研究

明治憲政史を見る上で、岩倉、伊藤にとって必須のブレーンだった井上毅の心理は極めて注目さるべきである。かれは初めドイツ法学の利用に熱心だったが、そのドイツ法学は初めから反ビスマルク主義だった。かれが権勢におもねるところなく、伊藤のビスマルク主義的議会予算権縮小に反対し、また同じく保安条例の暴圧にも反対した。その根底には、かれの法思想そのものがただのドイツ法学中の立憲主義利用から、日本固有法学の研究へと変遷して来たことを見ておくことが大切だと思われる。それはあたかも改進党の矢野文雄が、純然たる英法学主義から「国風」論へと変遷して来たのと相対応している。

井上毅の日本固有法研究は、憲法上の天皇及び皇室典範の研究について、国史国典研究の必要を感じたところから始まったと思われる。かれは古典律令制研究者の小中村清矩にしばしば諮問し、その門弟・池辺義象を直接の助手として側近においた。その研究の熱心だったことは、井上の『梧陰存稿』を編集した池辺義象の文が印象的である。かれは問題意識をもつごとに、池辺に調査させた。

ある冬の日、井上は鎌倉雪の下の道で池辺に質問した。池辺はその質問に確答する参考原典を持参していないと答えた。井上はそれでは直ぐ帰京しようといった。

そのころの鎌倉には未だ鉄道がなくて、藤沢まで行かねばならなかった。井上は霏々として雪降る田の道を、藤沢に向かって走るように急いだ。池辺はその後について雪道を急ぎ、藤沢経由で帰京して原典を確かめた。その日の光景を池辺は書いて、井上の国典研究がいかに情熱的で精力的に急速に進んだかを追慕した文を書いている。かれは国史国典の中にヨーロッパに見られない政治、法制のすぐれた思想を発見し得ると信じた。かれの比較法学の中で、日本固有法がドイツ法学以上の大きな重みを感じさせた。

憲法発布後に伊藤博文の名をもって発行された『帝国憲法義解』の文は主として井上の執筆であるが、その義解では第一章の天皇でも、臣民の権利でも、あらゆる点で国史国典の引用の多いのが注目される。かれが自ら結論して「我が国の憲法は、ヨーロッパの憲法の写しにあらずして、即遠つ御祖の不文憲法の今日に発達したるものなり」と断定しているのは決して文飾ではなくして、思想信条の表白である。もっともかれの日本固有法というのは『古事記』『日本書紀』もあるけれども、小中村流の律令思想が強く、思想史的に見れば漢学の東洋王道思想とほぼ一致すると見ていい。

その点では中江兆民と相通ずるものが見られる。兆民はフランス民権論で人民啓蒙に力があったが、その兆民は「民権は西洋の専売に非ず」として、古代の東洋の孟子などの王道と同一の哲学であると結論した。その法哲学は極めて接近している。だが井上と中江とが明治憲法の構想について、同一になったというのではない。

英国への憧れ弱まる

ただ明治二十年の時の流れが、条約改正論などをめぐって著しく朝野のブレーンの思想を接近させた。かつて「墨田川の水はテームズに通ず」などと称していた民権壮士も、英国がいかにアジアに対する暴圧非道の国であるかとの知識を得て、ビスマルクのドイツを好まないほどでなくても、英国を憧れるような気風はなくなった。日本では、日本の「国風」による民権でなくてはならない。それに議会（日本人民の代表府）を強化せねばならないとの精神になって来た。

それには政府のブレーンも本質的には反対ではないが、議院内閣制になってしまうほどに議会の権限を拡大するのは、決して国家国政のために得策でないと思っている。その思想の差は接近して来たが、最後のゴールにいたるまでは、それぞれの所信に従ってなお相討論し、国論を盛り上げる必要性が残されている。

後藤象二郎と謀将・犬養 ―小異棄て大同団結へ―

後藤、政府を弾劾

条約改正問題で野党の猛攻を浴び、閣内も分裂して危局に立った伊藤博文は、二十年の九月から大隈との政治交渉懇談に入った。そして二十一年の二月に大隈をやっと外務大臣として、二十一年の四月には黒田清隆首相、大隈外相を骨格とする新内閣を作って、伊藤は専ら憲法の制定に当たることになった。

大隈との政治妥協で、ともかく憲法での一大政敵であった大隈改進党とは（どの程度までの精神的了解をしたかは分からないが）少なくとも大隈が内閣の副首相格として、同じテーブルについての「話し合い」につくことだけは明らかとなったわけだ。

しかし残るところは、板垣・後藤系の自由党である。自由党系では、これまでも非合法的反抗を頻発させている。しかも大隈との会談進行中の十月には、後藤象二郎が自由党のみでなく全野党の諸派によびかけて、小異を棄てて大同団結しての猛運動に決起することとなった。

後藤象二郎は維新に際して王政復古の政局大転向をした劇的な功臣である。その後藤が天皇陛下に政府弾劾の切々たる上奏文を捧呈している。それは、かの王政復古の往年の君民一致の大理想から説きおこし、以後の政権がその理想に背いて官民抗争のやむなき専制をつづけていることを糾弾する切々たる大文章である。『伯爵後藤象二郎』の著者・大町桂月はその全文をかかげて、これを兆民、中江篤介の代筆としている。兆民の文としても名文であるが、それが王政復古の後藤象二郎が往年の君臣の間を回想して捧呈した文として読む時には、国民を感動させるに足る大文章である。大同団結の精神が赫々としている。

しかもこの大同団結は自由党のみではなく、改進党の新鋭として名声のある木堂、犬養毅が初めから改進党員をひきいて参加しているのみでなく、その中心的謀将として注目された。それは急進諸派のみでなく、政府不信の諸流派を合流せしめた。

伊藤内閣は、反政府分子を東京三里の外に追放するとの保安条例で弾圧したのは前に書いたが、後藤の大雄弁は全国各地方に及んだ。この大同団結は伊藤をビスマルク主義と非難し、大隈をも不信の徒として論難した。

改進党は党首・大隈直系と新鋭の犬養とで分裂した形となり、犬養をもって「大隈への背信」「裏切り者」として非難を集中した。この時には大隈も憤っていたらしいが、犬養は大隈に対して長文の私信を出している。その要点は、

私は、閣下に背いて後藤伯の下に走ったわけではない。現状のままでは、後藤伯以下自由党を虚無党（過激テロ派の意）に走らせるだけのことになるから、私が進んでその中に入って、かれらを虚無党から脱しさせるように指導しているのだ。後藤伯の大言壮語に閣下は怒っておられるらしいが、直接懇談し、優待されれば話は通ずることだ。しばしばの会談をおすすめしたい。しかし後藤伯を今入閣させるわけには行かぬ地方情勢もある。私の意見と異なるとの非難はいいが、改進党、閣下への謀反というのには弁明しておかねばならない（本文は渡辺幾治郎著『明治史研究』）

ということになる。この書簡をもって当時の木堂を「戦国縦横の謀略の士」と評する人もあるが無理もない。かれは後日の大隈との和解を念じてはいるが、「我が戦略をもって、大隈も後藤も板垣も引きずりまわす」との雄略がある。はたして後藤はそれから一年有余の後に、憲法発布の直後に、政府と和解して入閣した。これに反政府の激派で後藤の和解に失望した者は少なくなかったが、犬養や中江の真の意図は、明治神宮編の『大日本帝国憲法制定史』が解明している。

後藤入閣に激派失望

憲法をただ伊藤の思うままにしてはならない。最後の欽定まで強烈な民権主張が必要である。そのためには在野の力が必要である。それには猛攻を浴びせて議会民権を強くすることが大切だ。そして最後の欽定の時を、真の朝野一致の時とするとの構想である。この構想には、板垣も勝安房あたりまでもが了解していたと見るべき十分の資料がある。

現に憲法渙発直後に、後藤は政府と和解して入閣した。反政府激派の中には、後藤に失望した激派が板垣の決起を求めたのに対して、板垣は切々として後藤の急転を弁護して説得の演説をしている。後藤、板垣にはよほど深い了解があったと見るべきだ。

中江兆民が入閣後の後藤象二郎と勝安房との間をしきりに往来していた事実が幸徳秋水の「兆民先生の伝」中に明記されている。当時の中江はいわゆる自由党系で、犬養は進歩党系であるが、この二人は格別の間だったと見ていい。

一年後の議会に二人とも出るが、兆民は議会の現実に失望して議員を辞して去るが、第一回議会の記事の中で木堂と西毅一のみをほめている。「西毅一先生——犬養毅君——此両君の挙動は——近頃愉々快々なりき、我衆議院をして少しく議院らしからしめたりき、厚く両君に謝す――犬養君の反駁論は――官吏の奢靡の頭上に鉄槌を下したるが如きは、聴者をして毛髪竦然たらしめたりき――」と（『木堂犬養毅』―日米評論社）。兆民の木堂評は非常に高い。その最終の名著『一年有半』の中では、

犬養木堂、其状貌を相るに精悍の気盎然外に溢る、是れ定めて胆気有る可し。其目光烱々たるを以てすれば、是れ定めて機智餘有る可し――惟ふ其人や、餘り東洋的に、餘りに三国志的にして、事を事とせず、寧ろ晝眠以て三顧を待ち――意地きたなく進取するを好まざる可し、然れども終に是れ得易からざる材なる可し

として、新進政治家中で第一の評を残している。おそらく大同団結時に気脈相通じた木堂の機略縦横の機智、胆気をなつかしむ情が秘められているのではあるまいか。

明治21年の政府―法典の仕上げを急ぐ―

宮中府中の別

明治二十一年、伊藤博文は大隈重信との間にともかく精神的了解をとりつけて、大隈を外務大臣として入閣させ、四月三十日には黒田清隆が首相、大隈が実質的副総理として新政権を固めて、伊藤は枢密院議長となった。五月からいよいよ皇室典範の公式審議が始まり、六月から枢密院で本格的に憲法審議が始まる。この年は日本の政体が史上初めての立憲制に転回した時であって、朝野ともに多事多端、記録すべきことがすこぶる多い。

まず政府の側では、伊藤が井上毅、金子堅太郎、伊東巳代治等とともに憲法草案の仕上げ、皇室典範案の最終結

論に熱中した。これまで皇室典範にはあまり言及しなかったので、ここで一言述べておきたい。

憲法の起案は、すでに述べたように明治十四年に岩倉具視が元老院の国憲案を廃棄して、いわゆる「憲法綱領」の大原則を立てたのに始まるが、この綱領の中で、ある意味でもっとも大きな重点は、国家の国政は「広く会議を興し、万機公論に決す」との方針で行うが、天皇の国政国務とは別に、皇室に直結する憲章は別に立て、この宮中のことは国政国務の外におくとの原則を立てたことである。

これは明治維新以来、西郷隆盛、大久保利通、木戸孝允等がすべて維新前の古い陋習《ろうしゅう》を一洗して、宮中府中の別を立てねば公明正大なる国政はできないとの点で一致していた大原則であって、その原則に基づいての宮中改革が進んでいた。これは厳正な保守派も進歩派もすべてが一致していたことで、朝野の憲法論争でもほとんど論争のなかったことである。

しかし皇室は日本国の中核であって、岩倉は皇室の憲章こそ帝国憲法にも劣らない慎重重大なものと信じた。それで維新以来、大きな皇室財産の制度を立て、経済的には皇室の経費は主として国費以外の皇室財産によって支弁し、官吏も「国家の官吏」と「皇室の官吏」とを区別して「皇室の官吏」が政党政派に絶対関与しないのは勿論のこと、国家国政の行政にも関与してはならないことを原則とした。これは皇室及び君側の宮内官を徹底的に「政治不関与」の者とすることで進歩派も大いに同意したし、保守派も宮中の問題を政治論争圏外のこととして、その伝統的尊厳を保ち得るものとして同感した。

この皇室の憲章の立案は、初めは公家出身で、しかも外交官として諸外国王朝の制度の事実知識に詳しい柳原前光が中心となって起案を進めていた。多くの問題点が検討され、詳しい草案もできたが、「天皇」に関する規定等で憲法との間に不一致を生じさせてはならない。伊藤博文が議長となり、柳原と井上毅の間で討議させ、博文が採決して（多くの後年の皇室令で法定された諸事項は保留したまま）その大綱を決したのが皇室典範案となった。

憲法の方でも、国会開設となれば同時に議院法、選挙法等の多くのいわゆる附属法典が必要となる。これは当時、もっとも米法知識に詳しく、米人知識人にも交際の深い金子堅太郎が起案の任に当たった。この附属法典と憲法本文との関連、柳原の皇室法とそれを修正する憲法との関係など、繁雑な仕上げの会議が精力的に進められた。

制定会議は非公開

これらの会議は伊藤博文自らが議長となって裁決したが、伊東巳代治が常にその書記幹事役をつとめた。かれは幼少のころから外語、特に英語に国語と同じく通暁した男で、井上ほどの法哲学はなく、金子ほどの深く詳しい米法知識はなかったが、その知性は論理的で、諸会議の記録作成には卓抜の能力があった。

憲法制定会議は非公開で速記もとらせなかったが、伊東巳代治がすべて各議員の発言と答弁とを記録した文が重要な「憲法資料」として残されている。各人の論議を明白整然と記録しており、この伊東巳代治文書を後学の者が読むと、後世の国会速記録以上に討議の論旨がよく分かる（速記は発言の語の重複とか前言の語の修正とか論旨に無用の贅語とかをそのままに写しているので、読者にとってしばしば理解に難渋を感じさせることがある。だが伊東巳代治の語録は、その「要旨」「論理」「言語」を正しく整理しているので速記以上によく分かる名記録である）。

憲法起案の伊藤博文、井上毅の二人は明治年代に歿して、伊東巳代治、金子堅太郎の二人が大正、昭和時代まで生き残り、特に金子は多くの回想録など残しているが、ただの「記憶」による「回想録」の中には貴重なものもあるが、史学的に検証して明瞭に「記憶違い」と断定し得るものも少なくない。制定史を語るに際し、欠くことのできない二人について、一語補っておきたい。

明治天皇のお怒り ―伊藤の放恣を戒める―

陛下御自ら法学研究

明治二十一年五月八日の第一回枢密院会議が開かれる前日、聖上が激怒されたことが宮内省の『明治天皇紀』に公然と明記されている。伊藤博文が開院式の勅語案を草して、宮内大臣・土方久元に渡して「式ではこれをお読みいただきたい」といって帰った。おそらく伊藤は、平常の未決準備用の事務報告書を聖上が黙って報告のままにお受けとりになるので、勅語も儀礼の文と考えて御嘉納いただくものと思ったのであろう。明らかに伊藤は、自分の案に対する聖上の御信任を過信したのであろう。

聖上は、その前に勝安房が、伊藤の憲法方針や内閣の政治に反対の憂念を書いて黒田内閣に提出、黒田が聖上に御覧に入れた時に深くお読みになり、黒田、元田永孚等に精読せよと命ぜられた。天皇は諸臣の公論一致に非常な熱意を秘められていた。来るべき会議の討論の重大性に御熱心だった。

陛下は御自らも独自に憲法学の研究に御熱心で、国史を学び外国法もよく学ばれた。その御熱意、憂念が伊藤には十分に実感されないで、当局原案をほぼ通過と思い、開院を儀礼とのみ考えたのではあるまいか。伊藤が帰った後の夜に案文を読まれて、聖上が激しくお怒りを示して土方宮相に対して「これをそのまま朕に読めというのか。伊藤の放恣にして誠実を欠くことかくの如し。朕は開院式に臨むを欲せず。文は之を博文に戻せ」と叱られた。

土方は色を失って恐れたものの開院式にお出でが取り消しとなれば、聖上が当局御不信任との国論推測も発生しかねない一大事となる。「博文を直ちに参内せしめ深謝させて文を改めさせます」と申し上げたがお怒りは鎮まらず、博文の案文を机上にたたきつけて「お前らで勝手にせよ」と叱って退下させられ、土方は途方にくれた。全く常にないお怒りであったが、その後深夜に徳大寺侍従長を召して「明日は開院式に臨み、型通りに勅語を読む。その旨を土方に伝えよ」といわれたと書いてある。土方はそのありのままを伊藤に伝えた。

伊藤を戦慄させる

この聖上の異常なほどのお怒りの言動が、いかに伊藤博文を戦慄させせたかは想像にあまりある。「伊藤の放恣にして誠実を欠くことかくの如し」と怒られて、案文を机上にたたきつけられたのである。かれは自分の法案で陛下を十分に満足させたし、この案で皇威を背景にして会議をおしきるなどという過信を一挙にして破砕しつくされてしまった。聖上は反対論も当局案と同じに評価されている。原案提出者として議長をつとめても、反対論を謙虚に聞き、十分な審議をつくすのでなくては「欽定」の大憲章はできないと、骨髄に徹するまで思い知らされたわけである。

かれは、板垣、後藤などは維新の際には伊藤よりも上級の功労者ではあっても、明治六年以降はほとんど現実政権の実情を知らないで過激書生のボスになったようなもので、実際政治の運用をともに語るに足らざる者と見ていたらしい。かれらは聖上に対して不敬ではないかとすら疑われる激越の上奏をする。聖上はそれを黙々としてお読みになっているが、ただ旧功ある旧臣の文だからお読み下さるだけで、御信任はただ一方的に現当局側にあると信じていたらしい。

勝安房にいたっては旧幕臣で在野社会に残存影響力の強大な事実は知っている。しかし、その当局批判では新しい民権論じみた説もいうが、旧幕政治には今の政府よりよい点がいくらもあったなどと列記している。聖上はその文を元田永孚に渡されたと聞くが、この元田という男もいわゆる一世代前の進歩的漢学者で、明治十年ころより新時代の「洋学」知識がない。そのために伊藤がいくたびか公然とその反近代思想に反抗し、論争してその提案を拒絶した時代錯誤者であるとした。

その政府の拒絶に際しても陛下は格別に政府への強い干渉もなさらなかった。おそらく陛下は元田の忠誠の人格を御信任なさるだけで、政治は現役政権の新研究を理解し、御信任なさっていると思ったらしい。

だがいよいよの公式会議直前の日になって「伊藤の放恣にして誠実を欠くことかくの如し」として、自分の案文をたたきつけて激怒なさった。目がくらむ思いだったろう。

伊藤は米法研究ではナンバーワンで、かなりラジカルな世俗近代国家論、信教自由論を力説して、元田の「東洋王道的道義政論などは反現代だ」と一蹴して来た。さらに米法とは異なる墺独の新学説も熱心に学んだ。それでも陛下は「内閣総理」の日常行政には干渉されなかったが、回顧し深思すると聖上は必ずしも伊藤の近代主義に一方的に御満足とは思われない点もあったかと思う。伊藤は夜も寝れないで聖上のお怒りについて考えたであろう。

立憲枢密院会議 ―反対者にも発言させる―

勝、元田を重く見る

皇室典範・帝国憲法審議の場に臨んだ伊藤博文は聖旨の深きを察して、慎重公正につとめる議長として、反対者にも十分の発言をさせた。特に今までの伊藤とは趣が異なり、勝安房、元田永孚の存在を重く見たらしい。元田とは今まで教育文化論などで鋭く対立した仲であった。元田は議場では多くの発言を求めていないが、伊藤は条文採決の前に私信で元田の見解を問い合わせたりしている。

勝は熱心に議場で討議に聞き入っていたが自らは一語も発言しない。しかし伊藤議長あてに書いた私信がいくつか残っている。提案者として注目していた勝が黙しているのを気にして金子堅太郎が意見を聞いたら「議案を見るまではドイツ風の案かと懸念したが、存外によい案なので今は討議を熱心に聞いて勉強している」と答えたのみの話が有名である。

そのころ民党で「これが政府案だ」として『西哲夢物語』（実はグナイスト見解）を秘密に大量出版して、その反動的色彩が社会を刺激した。勝もあるいはこんなものが出るのかと懸念していたような話しぶりである。勝が会議最終のころに伊藤にあてた文は「急進激派」の者に昨日か今日会ったかのような語感で書いてある情報通信だが、これは多分、中江兆民が情報源だろう。

幸徳秋水が、師・兆民があまりにも勝を当世第一の人物として畏敬するので多少の疑念を示したら、恐ろしく叱られたと書いている（『兆民先生・兆民先生行状記』―幸徳秋水）。勝安房の側が中江をどの程度に評価していたかは確かでないが、中江が熱心に勝に真意真情を訴えたのは明らかだと推測していい。

伊藤が「放恣にして不誠実」の情を棄てて、真剣に国論の全般を見ようとすれば、封建的幕臣、旧江戸町人から洋学急進激派のオピニオン・リーダーにいたるまで、広汎で多彩な不平分子の信頼を一身に集めた感のあった勝安房の情報は大切なはずである。それは見識もない数百人の警察スパイ情報などとは比較にならない卓抜さのものであることは分かるはずだ。陛下が特に勝の建言を重視されたのは、さすがである。

会議が始まると陛下は終始して熱心に討議に聞き入って、心中ひそかにあれこれと考えられたが一語の評もせず、表情にも示されなかった。ただ対決討論の法理の正確さが聞きとりにくかった時には、後で伊藤か井上を召されて意見対決の論旨の解明をさせられたが、それがお分かりになるとそれまでで、是非の感想は法案提出者の伊藤にも報告者の井上にも洩らされなかった。

再審議の命受ける

聖旨が一方を是とし、一方を非とされると分かると自由討論が進まないからである。ただ最側近の宮内大臣・土方、時に元田永孚にひそかに討論の優劣の感想を洩らされたこともあるらしいが、土方は伊藤議長にも決していわなかった。

『明治天皇紀』によれば、三条実美が皇族の範囲について伊藤・井上の原案に強く反対して修正が決しなかった時に「あれは本当は三条に理がある」と洩らされたが、討議者はどちらも聖旨が分からないままに討議し採決をして三条案は少数で否決されたままである。

天皇は「当分はそれでもいい」と思われたらしく、三条案否決のままの条文が御裁可公布になっている。しかしそれが二十年後の皇室典範増補に際しては三条案（聖上が可とされた）論旨のものに改められている。

討論は活発だったが、討議者が初めて提案条文を見たのだから予備知識がなかったし、ほぼ似た批判派の間にも連絡がなくて、ほぼ原案が可決されて一通りの報告書ができた。陛下は内閣総理大臣・黒田清隆に対して「重大法典だから再検討せよ」と命ぜられたのみである。枢府では議院法、選挙法などの附属法が審議されたが、憲法典はその後約五カ月の長期にわたって再審議された（公式閣議を開いたか、この間の事情は専門研究者も詳しく書いていない）。しかし内閣総理・黒田への命である以上、伊藤・大隈・黒田の三人が主たる討議者だったのは確かだろう。枢府では大隈見解は河野敏鎌が代弁したが、この段階では大隈重信が自ら積極主張したのは明らかだと思う。多くの修正案が出て来ている。

黒田はもともと法学などは分からないが、存外に大隈を支援したらしい。黒田という男は乱暴者で強引な薩閥ボスとしてのエピソードが多いが、激情家で知性的でない。敵対者とは猛烈に戦うが、ひとたび相和すると急転して強烈な相親者となる素質の男だったらしい。

大隈とはかつて猛烈に敵対したが、相和して大隈を外相として入閣させると、大隈外交をもっとも強引に支援したことはよく知られている。条文審議でも大隈に好意的だったのではないか。ともかくこの憲法が渙発される時には、憲法の条文でも原則からしても、国務大臣としての黒田清隆、大隈重信の副署は絶対に必要なのである（憲法発布に際しての副署は、実際には第一位黒田清隆、二位伊藤博文、三位大隈重信以下各大臣となった）。

伊藤博文としては、その修正要求はもっとも拒否しがたい相手なのだ。多くの修正案文ができて、陛下に奉告、勅命で今一度枢府に内閣修正案を提出する。その説明には伊藤が当たっているが、その語感には明らかに消極的同意の語が現れている。

再審議の命を受けた枢密院では、前よりも法案についての知識が大いに進んでいて熱論が展開された。

憲法審議熱烈の論 ―陛下の断なくつづく修正―

会議では無言の勝

欽定憲法の正式審議の準備ができ、その会議は新しく選ばれる枢密顧問官と内閣全閣僚によって行われた。その顧問官には日本の有力な世論意見を代表するすべての者を入れ「万機公論に決す」との議をつくさせたいというのが聖旨だった。

これまでの天下の公論として政府見解にもっとも理論的な反対勢力としては、改進党党首・大隈重信があったが、かれは重要閣僚としてすでに議席を有したのみでなく、党副総裁をつとめた河野敏鎌をも顧問官に入れた。河野は議場で活発に発言したし、大隈は議場の外で伊藤議長や他の閣僚とも交渉した。

この他に反対者としては、かつて伊藤内閣の閣僚だった谷干城があった。かれは閣僚として渡欧し、ウィーンのシュタインと深く懇談研究し、フランス等にも長期の滞欧視察をして帰ったが、帰京した直後に伊藤と激論して内閣を去った。谷はすべての政策で（憲法構想でも外交政策でも）伊藤内閣に強烈な反対を表明した。谷干城は西南の役で武名をあげた名将で、犬養毅などからも親しく畏敬されていたし、そのころ始まった在野精鋭の反政府の大同団結運動では、自由党の林有造等の同志間ではその党首領として谷をおし立てたいとの要望が強かったが、谷が辞したので後藤象二郎を首領とした経緯がある。

谷は大同団結には加わらなかったが、その反政府激論は依然として痛烈で、政府では危険視して常に多数の密偵を放って、その動静とかれの門に入る者をすべて厳戒していた。天皇は特にその谷をも顧問官に入れて発言させたいと思われていたので、多くの知人が枢府入りをすすめたが承知しない。最後には聖上自ら勅使を立てて召されたが「陛下への忠節は守りますが、顧問官は拝辞致したい」として、頑固に拒否しぬいた。

次に反政府の運動としては、欧化主義反対をかかげた雑誌『日本』を中心とする知識人グループがあった。雑誌は三宅雪嶺などが編集発行したが、論客多く当時の世論には大きな影響力があった。このグループは勝安房とか保守中正と称して政府を批判した鳥尾小彌太等の長老にも近く、犬養木堂等とも連絡があった。勝安房は政府の時弊を糾弾する勧告文を政府に提示したのを陛下がその文を特に精読されたのは前に話した。これらのグループの代表とも目していい鳥尾、勝は顧問官に入った。

鳥尾は議場では河野敏鎌以上に鋭く、原案に批判を加えるに熱心だった。勝は会議には熱心に必ず出たが、終始一語も発言しなかった。しかし議場外で伊藤議長に忠告した。勝の忠告は、雑誌『日本』グループの他に急進民権派の意思などをも「世論情報」という形で伝えたらしい。

最終段階ころの勝の伊藤あての文では、反政府激派の意思を「客観情報」の文体で書いている。勝自らが激派に同意とも反対とも書いてはいない。参考に知らせるというだけである。

勝の幕末激変の際の縦横の才は有名だが、名文を書いて事を決したわけではなく、一語の断で大事を決する人である。たまたま残存する私信などから察すると会議の前か後かに一語の忠告をして、議事進行に影響を及ぼしたことの方に重さがあったかとも思う。

反対派も同意の線に

この重要会議に参加しなかった反政府系代表人物としては、大同団結の後藤象二郎と板垣退助がいる。後藤象二郎は憲法審議中にも在野の精鋭をひきいて各地方へ遊説して歩き、豪壮、激越に伊藤と政府とを猛攻撃しつづけた。伊藤としては、後藤、板垣とは同座して審議する気にもなれなかったかとも見える。しかし君側の何者かが後藤、板垣とも地下交渉していたと推察せざるを得ない事情がある。

それは明治民権史の重要資料とされる板垣退助監修の『自由党史』を見ても察せられる。この書は自由党板垣系の中でも急進左派人の筆と見られるが、憲法審議中の最後の記事にいたるまで、伊藤博文を官権主義者として鋭く非難しつづけている。それなのに最後の一章、二月十一日の文のみは急転して天皇欽定の憲法を絶賛して、それをあたかも自由党とその同志の戦果であるかのような聖徳感激の文となっている。

実際政治では今までの反政府の闘将・後藤象二郎が入閣し、板垣退助がそれを弁明し、支持している。この急転の事実の背景理由は、いわゆる文書資料では解明し論証しがたいものがある。板垣監修『自由党史』を評価する研究者の中には、最後の憲法渙発礼讃の結論の文章だけは、その前の上中下三巻の論となじまないと感ずる研究者が少なくない。

だがそれを推測するのは大切ではないか。歴史というものは実証し得る資料の残るものの他に、実証資料の残らない領域が大きくてしかも深いものだ。重大な歴史には文書実証では断定しがたい推測領域がいくらも残るので、後世百年も二百年も史家の研究推測心をそそってやまない問題を残すものなのだ。

憲法審議は最後まで熱心に討議されて、陛下の断が下されないで修正がつづいた。修正には表裏の交渉が重ねられた（その実証資料は、あちこちに残っている）。伊藤の原案の法文形式はほぼ守られたが、実際的重点でかなりの修正が進み、最後には板垣、後藤の反対派でも同意し得る程度の線にまで民党主張の線に近づいたともいい得る（民党がその後に藩閥を攻める時には、必ず「憲法擁護」の語をキャッチフレーズの第一とし得るような憲章となった）。

在野の政治犯は憲法渙発ですべて獄中から釈放されて、あたかも凱旋の戦士のように国民歓呼の中に迎えられた。かれらにとって欽定憲法とは「伊藤憲法の原案承認」なのではなくして、全く本質的に「修正」を加えられた天皇欽定の憲法として迎えられたのである。そう解するのでなくてはその後の明治・大正の政治史は分からない。

大正デモクラシーの政治学者・吉野作造は帝国憲法を解明して「岩倉・伊藤系の在朝者と、在野の自由・改進党との朝野の主張の対決交錯線上に成立した」との見解を示しているが、まず公平の見解だろう。反政府の自由党員が帝国憲法をもって「伊藤博文憲法」ではなくして、それとは質の異なる憲法として修正欽定されたと解したのには、それだけの理由があったともいい得る。

聖上黙して厳然 ―公論の一致統合を切望―

政治の実際は大隈型

欽定された憲法には、初めの原案で修正された条文が少なくない。明治憲法学の泰斗・穂積八束博士は、東大の講義で「帝国憲法は、岩倉綱領の骨格のままに成立した」と講じて、それが長く一般説化した。確かに岩倉綱領は大きな骨格となっている。しかし重大な修正が加えられたことをも直視すべきだ。

岩倉綱領はその根本を厳格な大権内閣主義（大臣以下の文武官の進退はただの法的名目のみでなく、実質上確実に専ら大権によるべきこと）とした。それが議院内閣制の大隈流交詢社案との決定的対立点だった。この大原則を守るためには、議会の権限が強くなることを抑止せねばならないので「凡そ議案は政府より発すること」と定めた。

それで伊藤は議会の上奏権の事項を制限したり、内閣不信任決議を禁じたり、議会が立法の提出権を行使することを避けたかった。日本の国体で第一条件とされるのは「君民一致」で、君民対決がないということになっている。

それなのに国民を代表すると目すべき議会が政府不信を上奏したり、内閣不信任を決議し議会を解散しても依然不信任派が多数を占めるとすると、天皇が（ドイツ法学的にそれを無視して）行われては君民の意思対決が明示されることになる。これでは日本国体の第一義が保てない。その明白な日本の国風・国体を考えれば、伊藤は上奏権の範囲を限定しようとしたり、不信任決議権を否定しようとして懸命に努力した。

しかし会議では「上奏は国政万般に及び限界なし。議会は不信任決議権を有するのみでなく法律制定の提案権をもつ」と決した。岩倉綱領で議会の法律提案権を認めないのは大切な条件だったのだ。ここまで修正されてはドイツのように皇帝の拒否権乱発のできない国体の日本では、ビスマルク的政権は到底できない。伊藤は一時ビスマルク主義思想で財政権を考えたりしたが、井上の反対でそれは「前年度予算承認」の線以上は望めないとあきらめた。明治の近代急進化の社会経済で「前年度予算承認」とは、ただ会期末に予算不成立の時でも一カ月か三カ月か行政ストップを避け得るだけだ（英国でも憲政慣例として行政ストップを避ける道がある）。しかも予算の先議権が衆議院のものとして確定された。諸条文を総合すれば、衆議院一院でも政府反対党が強い不信任の決意をすれば、政権のビスマルク的運用は決してできない。

法律条文の形は岩倉綱領——伊藤案の原型に似た線を守り得たが、在野民党が衆議院の過半数を強く制すれば、議会自らが政権担当者を選ぶ法定権限はないが、不信任の政権を引退させることができる実際的力を得たわけである。政治的には前述した伊藤・大隈会談での「責任内閣制」の基礎が事実として固められたわけである。

憲法渙発直後に、伊藤はしきりに法の名目上の条文を力説して「我が憲法は議院内閣制ではなくして、大権内閣制を採った」と演説した。あるいは伊藤は大権内閣制で政党を謀略によって分裂しコントロールし得ると思ったのかもしれない。これに反して政府の大臣として大隈は、これで政党が健全に成長し、上は陛下と下は国民の信任を得れば英国と同じく議院内閣制ができると公然と解明し演説した。

事実、国会開設後にはいかなる強権内閣でも議会過半数の反対を無視して、四カ月も五カ月も政権を保ち得た内閣（ビスマルク的内閣）は一つも現われなかった。法文の名目的形はいかにも伊藤型の形式をとったが、政治の実際は大隈型（民党論）の責任内閣制とならざるを得ないことになった。

策謀論なくなる

憲法発布の日に歓呼した東京市民は、新聞社の前でしきりに「大隈万歳」を絶叫したと書いている島田三郎の記事は、少なくとも多少の法知識ある市民の声として理にかなっている。

有名な『自由党史』の編者たちが最後にいたるまでも伊藤を敵視した文を書き、党派的には大隈に対しても好感を示さないが、その法理思想そのものは大隈とほぼ近かったのだし、修正が裁可されたとの欽定の報に際しては、聖上の英明と憲法の確定を礼讃する熱情的な文を書いているのは当然であると解すべきで、少しも怪しむべき理由はないと私は思う。

この憲法典の成立の歴史は多年の国政の成果ではあるが、明治十四年に将来九年の後、(明治二十三年までには)国会を開くとの聖旨が表明された。それには二十二年までに憲法典ができねばならない。しかもその構想については、朝野相対決して在野にもいくたの対決の異論があった。それをみごとに調整して、万民朝野の統合を成しとげたのは、第一に絶大なる明治天皇の熱意ある統合のお力であった。

天皇は黙々として自由なる討議をお聞きになり一度の御欠席もなかった。ある日、議長がひそかに陛下に小声で何事か申し上げると陛下は肯かれたが、そのままに熱心な討議を予定通りに進められ、陛下はいつもと同じ熱心さで臨ませられ、予定の時刻の終了の後で御帰還になった。御帰還後に議長の報告によれば、かねて御憂念の親王の御薨去を報じて会議の中止を申し上げたのに、陛下が討議続行を命ぜられたのだった。これを承った審議官は陛下の国政を重んぜられる御心中をお察しして慄然とした。

陛下は一語も洩らさず、自由なる公論の討議一決を求められている。憂国の公論を限りなく重んぜられている。しかもそこに一片の偏私もなく、公論の一致統合を何よりも切望されている。会議はその後も熱論をつづけるが、私的党閥の利を思う駆け引きの策謀論などは一切なくなり、速やかに「万機公論に決す」との聖旨に忠でありたいとの一念に集中して行く。それは無用の駆け引きや策謀論の余地をなくし、会議の進行を速やかにするのに大きな力ともなった。

兆民、中江篤介は、そのころ『平民の目さまし』の大衆通俗書を書いて、官尊民卑の旧風を論難し、議会人民の権利を力強く主張したが、特に天皇については「天子様は政府方でも無く、国会や我々人民方でも無く、別に御位を占させ給ふて、神様も同様なり」と明記した。制憲史上の聖上のお姿はまことにしかり、天皇はまさに朝野官民の最高の統合者であらせられた。

万民歓呼す憲法発布 ―伊藤、欽定憲法を強調―

告文も完美と礼讃

明治二十二年二月十一日、古代神武天皇の建国を記念する日に、大日本帝国憲法が渙発された。この日の東京は白雪におおわれた清らかな日であったが、天皇は朝早くに皇祖の賢所及び歴代天皇の皇霊の前にて御拝、告文を奏せられた。

建国の精神、国史の進展を顧みて、皇祖皇宗の御精神、御遺訓に従って、近代国家の情況に応じてここに憲法を制定致しました

との御趣旨を荘重な文をもって告げさせられた。それは憲法の条文ではないが、その制憲の精神を示された名文として、後日にその訳文を見たシュタインもグナイストも、特にこの告文をもっとも完美なるものとして礼讃している。

午前十時からの憲法発布の儀式が文武高官、地方議会議長等を参集して執行され、午後には青山で観兵式、夜は

宮中で祝宴が開かれた。翌日は上野公園に行幸して祝賀会に臨まれたが、会場のみでなく沿道も市民が群集して、陛下の万歳を絶叫してやまなかった。当時の鮮やかな万民歓呼の情景の写真や絵画の類は極めて多い。

これとともに、今まで立憲のために官権に抗して投獄されていた政治犯五百四十人がすべて大赦によって釈放された。国民はこの釈放者をあたかも凱旋将兵のようにして迎えた。中でも有名なのは大阪事件の大井憲太郎などで、市民大歓迎大会に迎えられ、大井等は華々しい旗を立てて騎馬行進をして注目を引いた（平野義太郎著『大井憲太郎』）。福島事件の河野広中は特に郷党の歓迎が著しく、歓迎の県民は沿道の広中に従って延々たる長蛇の列をなした（『河野磐州伝』）。

その他、入獄中ではなかったが法令で諸般の政治活動を制約されていた林有造、竹内綱、尾崎行雄、中江篤介等以下の者もすべて帰京しての自由活動を認められた。新聞社の前には市民が群集して熱狂していた。国民歓呼の声は天に満つるとの感があった。

戦後の史家の間には、この国民歓呼の情況を評して、当時の大衆には帝国憲法についての法学知識がなくて喜んだにすぎないと評する学者が少なくない。敢えていえばその評に一理もあろうが、国民はこの制憲史の真相ムードを批評者よりも遥かに明らかに知っていた。この憲法がただの官憲法典ではなくして、この在野の戦士たちの熱情をも深く洞察しつくされた聖上の「欽定」の意義に感激していたのだ。

非議院内閣主義声明

この釈放され自由を許された戦士たちの大多数は、一年後の選挙ではすべて高点で国民選挙で当選しているのみでなく、議会内でも直ちに中枢のポストを占めている。国民はこの憲法が官憲の作成でもなく、非合法急進革命の所産でもなく、官民一致協力につとめられた聖上の「欽定」なされたものとの意味をしっかりとムードで実感していたのだ。

多くの祝賀会で演説が行われた。立案責任者の伊藤博文は、この憲法が欽定の憲法であることを力説して「天子の特許して臣民に賜与し給ひしもの」なることを銘記し、天皇主権の意義重大なことを論じつつ「此の憲法に於て日本国民たる者の享受すべき権利の境域は、甚だ広汎にして、普通憲法学上より之を論ずるも殆ど完全なりと云ふも敢て不可なかるべし」とし、なお議会の慣用をも論じているが「宰相の如きも独り天皇の任免し給ふところにして敢て他の干与を待たず」として、非議院内閣主義を声明している。

当時の伊藤の言としては格別のことではないが、感想をいえばこの憲法は先進文明諸国の「普通憲法学上より見ても全きもので決して劣らない」という点と、政府は論敵の主張した議院内閣制を採らず、あくまでも天皇大権下の「責任内閣」以上のものではない、としている点が注目される。

外国に劣らない文明憲法だと主張したい、論敵の「責任内閣説」にはある意味で歩みより妥協もしたと解されるが、議院内閣制はこれを否定して、岩倉綱領以来の理論主張を固守したのだとの面目を保つにつとめたい心理が目につく（政府は天皇に直接責任を負い間接に議会に責任を負うとの学説を立てるにいたる）。

これに対し黒田首相は公然と「憲法は超然内閣を理想とし政党内閣を否定する」と放言して、民党の側を激しく刺激した。

大隈は公然と政党が君民の信を得れば「英国と同じく議院内閣制への道が開けた」と演説している。帝国憲法の副署者の第一が黒田清隆、第二が伊藤博文、第三が大隈重信――。ところが同じく祝賀していて、最高の責任者が同一法典にそれぞれ異なる解釈を公表していた。

明るい自由の気風 ―10年待たずに議院内閣実現―

高官すら一致見ず

憲法典は渙発されて国民は歓呼したが、その法典解釈については詔書に相ならんで副署した高官すらが必ずしも一致していない。黒田、伊藤、大隈それぞれ差がある。一般国民の集会にもさまざまの論があるだろう。政府の警察はそれにいかに対すべきか。警視総監の問い合わせに対して、内閣の井上毅が指示回答したものは自由にして明快である。

憲法の各条項に対して得失を論じ異同を唱うるは警察の禁じ得る所に非ず。但し民約憲法でなくてはならぬと主張して、親裁憲法に従わないと直接演説する者あらば、現行集会条例第六条で禁止又は停止すべし（正確な原典は『井上毅伝　史料篇第二』）

と指示した。欽定憲法反対を制するだけで、その条文批判は自由の意である。

井上にしてみれば、この条文については聖上御信任の各顧問からもその得失の論が激しく出て、やむなく修正された政府原案も少なくない。井上本人でも一民間人としての立場であれば、かれ独自の見識をもって批判したい修正条文もあるのだ。忠良の民の中に論があるのは当然で自由だと信じた。その後に間もなく中江篤介（兆民）が議会で各条について点検して、その所感を聖上の御参考に供したいとの論を立てたが、この内閣指示ではそのような論議は少しも疑点のない合法主張だった。

もっともそれが合法でも、国民や議会は枢密院顧問ほどに各条批判の必要を感じなかったので、中江提案は立ち消えになった。

政府は小さな条文得失論については自由に論議することには干渉しなかった（昭和十年まで）。その法文解釈や運用についての政治主張は勿論自由であった。現に大隈重信は第一級の副署署名者で、重い責任者であるが「議会の政党が健全なる発展をして、上は陛下の御信任を得、下は国民の支持を得れば、英国などと同じく議院内閣制の憲政を実行し得る憲法なのだ」と演説した。

それは論理的に一つの正当さがあった。事実十年の後に大隈・板垣連立の議院内閣ができている。ただそれが大隈流に解すれば、議会政党そのものの発展が不健全で、政府与党内の派閥抗争で行政が進まないで自ら崩れ去るの他なかったので大隈が引責辞任したのだ。この時の議院内閣制破綻の理由と責任は、憲法にあるのでなく政党の発達不健全にあるのは、大隈重信その人がもっとも深く痛感した。

政党が未だ能力が不足しているので、これまで長期の実務行政に経験ある政治家が組閣する他ない。しかしかれらも今や議会を無視しては何もできない。必ず何らかの政策条件で議会の政党と合意し、多数派を与党としてその信頼関係を保つのでなくては、立法も財政も一歩も進まない。

ゆがめられた憲法史

伊藤博文が明治十四年以来、野党ともっとも鋭く対決したのは「議院内閣制の憲法は断じて作らない」という点にあった。しかし第一次議院内閣が政治業績をあげ得なかったのは事実だが、ともかく十年を待たないで憲政の事実として議院内閣が実現したのも事実である。

「帝国憲法は議院内閣制の憲法でない」との法理論は、伊藤のみでなく政府要人の多くが主張したし、何よりも東京・京都の官立大学の理論だった。

しかし憲法は、まさに議院内閣を法文で定めたわけでないが（それは英国でも同じ）、議会の政党が健全に有能に発達して行けば、議院内閣を決して否定するものでなく、むしろ責任内閣の運用には、議院内閣制の前途に期待する者が多くなった。法学のロジックはともかくとして、憲政の政治予見では大隈が伊藤よりも一歩進んでいたと評していいだろう。

それは伊藤博文のその後の政治コースを見れば明らかである。伊藤は議会政党としての政友会を組織し自らその総裁となった。しかし伊藤の特殊経歴と国家的立場は政党員としてふさわしくないとして、その地位を利用しないで代わりに西園寺公望を総裁とした。伊藤が議院内閣制を実際政治の上で認めるにいたったことは疑いない。もとより伊藤が認めたからとて、その後も議院内閣制の憲政に反対の学者や思想家がなくなったのではない。

しかし明治末期から大正への時代には、社会一般では「帝国憲法は、その構造において責任内閣を必要とするし、その目標は議院内閣制にある」との憲法論が圧倒的に優勢となった。特に明治の末期からは決定的な世論となり、議院内閣制の要求は常に「憲法擁護」「憲法護持」の大旗の下に進められ、それはいわゆる大正政変で桂内閣を倒して以来は、滔々たる世論良識となってしまったかの時流を形成した。

明治の憲法の歴史が現代では全くゆがめられている。それが官権の専制権力的な法であったとする戦後の俗説通りのものだったとすれば、在野民権家の先人や自由思想者が官憲権力への政治抗争において、常に「憲法擁護」「憲法護持」を第一のキャッチフレーズとした有名な歴史の論理は意味が分からないであろう。在野民党は、真にこの憲法を「自由民権の憲法」と解釈したのである。

犬養毅の制憲論 ―「万邦の範たるべし」―

民権強化に敢闘

犬養毅は明治十四年の政変では大隈重信に従って退官し、改進党の名文理論家として精鋭な活動をした。しかし大隈が伊藤博文、黒田内閣と妥協のコースをたどり始めると、一時期これと全く相反して、後藤象二郎を首領とする大同団結の戦略参謀として戦い、憲法における民権の強化のために敢闘しつづけた。議会の権限を強化することが主目的だったのは明白である。

この大同団結の戦線で、兆民と相結合したのは前にも話した。最後に兆民が特に主張したのは、草案提出者の伊藤博文が議院内閣制を嫌っていて、議会の意思では政権の進退を決することができないように議会に法案提出権を認めないこと、議院の上奏権には政権の進退に論及しないこと、議院の決議では内閣不信任決議をさせないこと等を制憲会議の公認解釈として認めさせたい意図を有するのに対しての強い反対だった。その審議情況について兆民がどの程度の確たる情報をもっていたか、あるいは推理したかは実証資料はないが、その重点をついて痛烈な民権を主張し高揚した。犬養の主張も同じだったと見ていい。

この主張要点は、約十カ月の審議の間にほぼ実現し得たと見ていい。議会の法案提出権は明白に明文化された。上奏権行使範囲の制限とか不信任決議をさせまいとする伊藤の論は審議会で激しく反対されて、伊藤の主張は公認されなかった。

それで大隈は欽定渙発と同時に、この憲法は議会の政党が健全に発展して、上は聖上の御信任を得て、下は世論の健全なる支持を得れば、議院内閣制への大道を開くものであると公然演説した。犬養もその限りにおいて同意、同感だった。後藤象二郎も板垣退助も理論的にはほぼ同じだったろう。

ただ中江兆民は後藤、犬養とは同感でも、在朝の伊藤や黒田の心中に残る超然内閣主義を徹底的に破砕しておきたいと思ったのであろう。国会が開かれれば上奏し御裁可を得て、しかる後に憲法の各条文を点検して、国会の所感を上奏し天皇の御参考に供したいとの論を立てたが、これは同意者が少なくて立ち消えとなった。

戦後の史家には、この立ち消えの論をもってあたかも兆民が革命思想家で憲法に反対だったかのように特筆する者があるが、それは無理である。

当時では内閣の井上毅ですら「各条の得失」の批判は一般国民の自由だといっている。いわんや公的国家機関としての議会があらかじめ礼をつくして上奏御裁可を経て後に各条文の得失を論ずるか、二、三の追加増補でも請願すれば、おそらく御裁可になる条文がいくつもあっただろう。それは兆民のいうように君民一致、欽定の権威を重からしめても傷つけることには決してなるまい。

精彩ある大論文

現に各条について顧問官が激しく討論して、多数で決した条文である。国会議員が顧問官と同じく聖上補佐の論をして何がわるいか。その時点での精神気流は、明治年代中でもっとも自由の気に満ちていたのだ。政治犯が国士扱いされ、これまで公式に朝敵とされていた西郷隆盛の墓に天皇が勅使を立てられ賊名を消すのみでなく、立憲途上の功績者として格別の贈位までなされたのだ。

しかし中江と民権同志として活動した犬養は中江「点検」論とは大いに異なる精彩ある大論文を書いた。

皇祖神武皇帝紀元の節日に社稷宗廟を祭り神祇に告げて、帝国憲法欽定の大典を行わせ給う。五州万邦歴世の帝王にかくの如きはなかった。欧米の憲法には美なるものもあるが、いずれも君民の間に徳なく誠なくして悲史の後に得られたもので、陛下の聖徳のごとき制憲の歴史はなかった。

今や憲法制定は実に東洋万邦生民以来かつてあらざる所、我邦は永く之が儀表となり、万邦をして以て則る所あらした。然らば即ち、東洋万邦の人民あまねく陛下の御徳に浴するであろう。何ぞ独り我が臣民の幸のみならんや。ああそれ偉なるかな。今まで基教白人のみのものとせられた自由政体が、これからは東方のものとなる。われらは以後『憲法評論』の一欄を設けて、聖旨のあるところを知らしめたい（朝野新聞の社説。原典は木堂一流の長い名文であるが、その中から特に目につく点のみを現代語訳した。明治神宮篇の『大日本帝国憲法制定史』には原典全文の引用あり）

伊藤の演説は、ともかく日本が文明国なみの「普通憲法学上」の条件をそろえた新憲法として、日本が文明国に追いついたとの内容だ。大隈は第一文明国の英国憲法に近づき得るというのだ。しかるに犬養は米英その他に例もない「万邦をして則る所を知らしむ最高の制憲だ」という。事実かれはその感激をもって「憲政擁護」の第一人者として終始した。印度、越南、フィリピン、中国、韓国の近代的独立主義者の親友として、精彩あるアジア、インタナショナリストとしての政治生活に終始した。

かれは少壮在野の一戦士にすぎなかったが、その憲政の雄大なる気風は、維新の功臣と称した伊藤博文、大隈重信、黒田清隆等の一世代前の高官よりも断然と高く、その文は遥かに荘重にして威厳があった。明治・大正・昭和の三代にわたって、犬養毅が憲政護持の第一人者と称せられたのも故なしとしない。

制憲以後の話 ―法典条文は万全ではない―

時には鋭い解釈対決

明治の憲法は、半世紀にわたる国家波乱の経験を経た日本人の心骨を労した名作であった。日本の古い国史と固有法の上に、列国の比較法学の知識を慎重に利用参考した。しかも一時一局の政権者の当座当面の都合ではなくして、可及的に各流各派の意思を総合するために、卓抜な聖上の英知に導かれて結論づけられた。それは日本政治史上の銘記すべき所産であった。

それはまさに井上毅が「ヨーロッパの憲法の写しにあらず」と切言するだけの貴重な我が国風の中から生まれたものであった。また犬養毅が「何ぞ独り我が臣民の幸のみならんや」「万邦をして則るところを知らしむ」と絶賛しただけの堂々たる制憲史であった。

しかしかく絶賛するからとて、それは「制憲の歴史」のみごとさをいうのであって、法典条文の各条がすべて万全至上だったと独断するのでは決してない。人間の仕事に万全は期しがたい。話はいくらもあるが一例をあげると「陸海軍の武力を発動するのは、厳として天皇統帥の大事として、一切国政の圏外におき『政治中立』に徹底させねばならない。しかも軍の編成財務等のことは軍政のこととして国務大臣の国政補佐圏内においた」。この原則は極めて賢明であり、在野のあらゆる民権家も陸海軍武官も全的に一致した公議公論の成果であった。しかし軍政と統帥との区別を立てる条文があまりに簡にすぎて、軍統帥と軍政の別を実際的に立てる段になると一流の法学者の見解も二説にも三説にも分かれ、政治家や文武官の間にも時によっては鋭い解釈対決を生じて、そのたびに憲政に混乱を生じた。今少しく憲法明文で区別条件を明示されることが望ましかった。次に議会の貴族院制度の基礎となる五爵の華族制度設定などは、立案中に井上毅が反対だったし岩倉にも疑義があったが、これは伊藤の切なる要望が入れられてできたものだが、事後の成績から見ると問題点を残している。

次に枢密院。天皇が大切な意思決定をされるのに内閣の大臣以外にも賢明な臣下に諮問なさるのは大切であるが、それは時と事とによって随意に人を選んで諮問なされるのがしかるべきで、憲法上の重大な固定機関として枢密院官制を立てるのには反対だとの理論が内外にあった。それは一定機関外の臣下への陛下の自由な諮問を軽からしめ、憲法上の法定補佐機関としての内閣と枢府の混線を生ずる懸念があるとの理論であった。天皇の諮問は自由不文にしておく方がよりよいとの論である。これも問題点の一つであった。次に信教自由と祭政一致の維新の大綱領との関係が明白を欠いた。

しかし法は、国政を決する重大な存在であるが、法文がよければただそれだけで良政が実現し得るものではない。国民と政治家が賢明であれば多少の法の不備を補っても良政ができるし、国民が愚かであればいかに良法が存在しても国政が行きづまることもある。憲法制定の歴史と、憲政運用の政治史との間には深い関連があるとともに、区別も必要である。

さらに条文批判についていえば、改正条項が改憲の条件を天皇の発議に限って、議会三分の二の出席者の三分の二で可決し得るとした。これを現代人は非常に固い硬直性のものと考えているが、現憲法よりも遥かに自由柔軟である。

法理論と実際とは別

ただの法理論でいえば、英国法は議会の過半数で何でも改正変更し得るとなっているが、実際的には全く別である。大英帝国の憲法の中には、断じて一時の議院過半数では改変を許さない大事がある、との信条が国風として厳に生きている。学者風にいえば「改正限界説」に近い。この改正限界を明文で規定した国もあるが不文の信条として生きている国も多い。一例をあげると一九一四年、英国のロイド・ジョージ内閣がアイルランド問題を議会で決した時に、保守党が猛烈に反対し、国王の将兵も反対して内乱の危機に瀕した。国王が朝野両党首を招致して調停につとめて「保留」した。その直後に世界大戦がおこって国際情勢が全く一変したので、改めて一通りの解決をつけた。しかし今もアイルランド問題は再び燃え上がって、この十年有余も英国の深いなやみとなっているが、それは決して議院の過半数決議だけで安易な決着はつかない。

米国では有名な例として「奴隷解放、人種平等」の問題があった。これは議会の決議では何ともならない重大事だった。長期の凄惨な大内戦を経て、初めて改正された。国民の深い信条に基づく「権威ある憲法」の本質的な部分の改正は、ただの法形式手続きでは解決されないのが「政治の実際」である。フランスでは大革命以来、日本の立憲時代まで頻々として憲法が改変されたが、それはすべて流血革命か軍事クーデターの結果であった。

その点で日本の国風は欧米諸国と全く異なっていた。共和国の大統領も立憲国の国王も頻々として拒否権を行使したし、特にビスマルクを首相とするドイツ皇帝はその著しいものだった。だが日本では天皇裁可権は名目上重んぜられたが「君民一体を第一義」とする以上、初めからこれを拒否権として常用することは考えられなかった。「拒否権こそが政治権力」との意識は、ほとんどなかった。その代わりに、天皇の精神的影響力の絶大さは朝野ともによく心得ていた。国家社会の時代条件が変わって来て天下の公論が高揚して来た時に、天皇が独自の法権を発動して条文改正を提案されれば、出席議員の三分の二が平和的に可決することはほぼ至難でないと考えられた（現行憲法は天皇の発議権を認めない。しかも出席議員の三分の二でなく全議員定数の三分の二を要し、しかもその後で国民投票の条件をも加えている。その法文の形は一見似ているかに見えるが、政治運用上では全く別で、時代条件の変化に応じての平穏な改正を極度に至難としている)。

端的にいえば、明治天皇は二千年来の歴史的な絶大な権威をもって、しかも半世紀の国史の公論を重んじて、権威ある憲法を制定された。米将マッカーサーは一時の占領権力者として、わずか半年にして、征服者の武力のみをもって類例まれな改正至難の硬直憲法を強制立法させた。

明治の憲法制定の歴史は、世界に比を見ない天下の公議公論を総合した憲法であった。しかしその制憲史は万邦無比と称し得るとしても、その後の運用史については正直にいってそれほどまで高い評価はできない。制憲の史話の終わりに当たって、端的にその点にも簡略な話をしておく。

欽定憲法の権威 ―「国家の同一性」保つ―

地方開発の道開く

明治の制憲以後では、遺憾ながら国民の政治能力が不足して欽定憲法が期待したほどに十分な成果をあげ得なかった。日本固有法を誇った井上毅が間もなく死んで憲法学そのものが、東京・京都の官立大学ですべて制憲に無関係だったドイツ法学者で解釈され、国権派も自由派もどちらもドイツ法学の理論で憲法解釈学を立てた。それが政府にも政治家にも影響した。それに政党者の政治能力なり見識が不足して、せっかく議院内閣を作った隈板内閣が惨たる結果に終わった。

それに加えて議会政治家が藩閥との取引策謀を事として、少数の例外者を別とすれば甚だしく汚染された。議会が実力を発揮し得る時代になっても国民に根強い信頼感がなくて、昭和の五・一五事件以来、議院内閣による憲政の運用は止まってしまったかの感があった。

しかし憲政史はただ無意味だったわけでは決してない。国民大衆の国家意識は憲法と議会によって格段と高められ強められた。立憲以前の政府はひたすら中央集権のみで直進し、地方（特に維新に功のなかった諸藩のごとき）は蔑視されたが、議会ができて後は地方の民衆の投票と声が次第に政府にも反映して、地方開発に公正の道が開かれた。教育、医療、交通、産業開発、財政援助等々。

「日清日露の役での日本の勝利とは、文明立憲の日本が憲法なき清露に勝ったのだ」との国際世評は一般的であったが、無意味ではない。犬養などの理想にはほど遠いとしても日本の憲政の事実がアジア諸邦の民権、独立解放への少なからざる刺激ともなった。それは先人が理想とした線には遥かに及ばなかったとしても、これは憲政史の明るい側面と見ていい。

ただ議会政党が汚染された側面も否定しがたい史実である。その消息はこの話では詳説しない。だが政争が激しくて原敬が暗殺されても政権は同一政党の総裁・高橋是清が継承し、浜口雄幸が斃されても同一政党党首の若槻礼次郎が政権を継承し、流血による政変は憲法の許さざるところであるとの政治原則は、これを固守した。これは憲法の権威があったればこそである。

しかし五・一五事件で犬養毅が斃されて、ここで議院内閣制による憲政は崩れた。犬養は政党人にまれな清節の士と認められたが、汚染された政権党・政友会には国民の信を保つ自信がなくなっていた。ここで憲法上の一説である議院内閣制は崩れたが、帝国憲法そのものへの反抗は現れなかった。以後の政権もその政治能力は貧困であったが憲法に明示された条章を守り、反抗者も憲法を変更するのは躊躇した。

国歩艱難の非常時がつづき、日本人は当時勢威隆々たるヒトラーのドイツと同盟して、その強大な影響を受けた。

ヒトラーはドイツ共和国のワイマール憲法を一夜にして廃棄して、議会を蔑視し人民の権利を無視して、独裁奔放の威力を示した。日本の文武官には往年のビスマルクを憧れた者があった以上にもヒトラーを憧れる者が多かった。

外国軍が強制改変

しかしそれを新時代の大潮流と称する者はあっても、明治天皇欽定の憲法への反抗提案は出て来なかった。ドイツでは反政府主義者、自由思想者、ユダヤ人などの人民が、法を無視して五百万人、六百万人も殺された。近代史家では当時の日本をドイツと同視する者がある。しかし日本には、その時代に政治的不法犠牲者がなかったとはいわないが、それはドイツの万分の一にも達しない。これをただの数量的万対一の差だけだったとすることはできない。

それは明治欽定の憲法の権威とワイマール憲法との精神的権威の本質的な根の深さの差なのである。消極的な側面ではあるが、権威高く根の深い憲法が「国家の同一性」を保ち、人権を守り得た歴史は決して忘れ去られてはならない。

私は再びいう。この憲法はすでに一世紀以前の立法であり、その後に波乱曲折の歴史を経た。その経験に基づいて、独立国としての日本が真に日本国独自の立場で憲法条文を改正するとすれば、それは当然のことである。法は時の宜によって修補されるべきものだ。

しかしそれが真の意味では天皇の発議でもなく、国民の要望でもなく、一時的に日本を武力占領した外国軍司令官によって強制改変されたことは許しがたい。これは実質的にはハーグの占領法規にも反する無法にして乱暴の沙汰である。しかもそれに実質上は、国民の絶対多数者が不信であっても改正しがたいほどの無理強引な硬性改正条項をつけて絶対不変のものとした。

しかし日本人は独立国民である以上、これを黙認し隷属しつづけることはできない。いかに至難を経ても日本人の公議公論による「憲法」を回復しなければならない。この話の前に、今のアジアには真に権威のある憲法が未だできてないといった。その意味や事情は多少違うが日本にも真の権威ある憲法がなくなっている。ここで私は一世紀前の制憲に際して犬養が「アジア諸邦に立憲の則るところを知らしめた」といった語を想起する。

それは何も国史、法思想史、国体の異なる外国に対して、日本憲法の条文を模することをすすめたのでは決してない。各自その国に固有の法思想史、長い文化史を有する各民族の心理慣習、その伝統の基礎の上に立って、しかも将来の進歩とする理想目標をかかげて、一党派の主張のみでなく、及ぶ限り「全国民の公議公論」を総合しての大憲章を作るということだ。

その立法技術としては列国の比較憲法学の知識を参考するのは大いに有益であるが、その精神骨格は「外国法を模したるもの」でなくて、その民族固有の精神骨格がなくてはならない。公議公論の結集には一党派の主張のみでは足らない。

政党二派がその主張を力説するのは当然至極であるが、他流派との合流を求める英知も大切だ（例、犬養は本来大隈直系だったが、時には大隈の敵視する後藤象二郎や改進党の政敵とした自由党系有力者とも大同団結する勇気と知性があった。憲法権威確立のためには、時の条件を見ては首領の後藤が黒田内閣に入るのにも同意した）。

それがなくては各党派の上に位して一国の同一性と継続安定性を保障する「憲法」は成立しないし、いつまでも政変は流血の惨となり、合法的コースを進むのを期待しがたい。明治の憲法制定の歴史には、今日もよき憲法を生み出すための貴重な参考となる話が多い。

大日本帝国憲法・(旧) 皇室典範

皇室典範及び大日本帝国憲法制定の御告文

皇朕レ謹ミ畏ミ
皇祖
皇宗ノ神霊ニ誥ケ白サク皇朕レ天壌無窮ノ宏謨ニ循ヒ惟神ノ宝祚ヲ承継シ旧図ヲ保持シテ敢テ失墜スルコト無シ顧ミルニ世局ノ進運ニ膺リ人文ノ発達ニ随ヒ宜ク
皇祖
皇宗ノ遺訓ヲ明徴ニシ典憲ヲ成立シ条章ヲ昭示シ内ハ以テ子孫ノ率由スル所ト為シ外ハ以テ臣民翼賛ノ道ヲ広メ永遠ニ遵行セシメ益々国家ノ丕基ヲ鞏固ニシ八洲民生ノ慶福ヲ増進スヘシ茲ニ皇室典範及憲法ヲ制定ス惟フニ此レ皆
皇祖
皇宗ノ後裔ニ貽シタマヘル統治ノ洪範ヲ紹述スルニ外ナラス而シテ朕カ躬ニ逮テ時ト倶ニ挙行スルコトヲ得ルハ洵ニ
皇祖
皇宗及我カ
皇考ノ威霊ニ倚藉スルニ由ラサルハ無シ皇朕レ仰テ
皇祖
皇宗及
皇考ノ神祐ヲ禱リ併セテ朕カ現在及将来ニ臣民ニ率先シ此ノ憲章ヲ履行シテ愆ラサラムコトヲ誓フ庶幾クハ
神霊此レヲ鑒ミタマヘ

〔大日本帝国憲法〕

大日本帝国憲法発布の勅語

朕国家ノ隆昌ト臣民ノ慶福トヲ以テ中心ノ欣栄トシ朕カ祖宗ニ承クルノ大権ニ依リ現在及将来ノ臣民ニ対シ此ノ不磨ノ大典ヲ宣布ス
惟フニ我カ祖我カ宗ハ我カ臣民祖先ノ協力輔翼ニ倚リ我カ帝国ヲ肇造シ以テ無窮ニ垂レタリ此レ我カ神聖ナル祖宗ノ威徳ト並ニ臣民ノ忠実勇武ニシテ国ヲ愛シ公ニ殉ヒ以テ此ノ光輝アル国史ノ成跡ヲ貽シタルナリ朕我カ臣民ハ即チ祖宗ノ忠良ナル臣民ノ子孫ナルヲ回想シ其ノ朕カ意ヲ奉体シ朕カ事ヲ奨

順シ相与ニ和衷協同シ益々我カ帝国ノ光栄ヲ中外ニ宣揚シ祖宗ノ遺業ヲ永久ニ鞏固ナラシムルノ希望ヲ同クシ此ノ負担ヲ分ツニ堪フルコトヲ疑ハサルナリ

大日本帝国憲法上諭

朕祖宗ノ遺烈ヲ承ケ万世一系ノ帝位ヲ践ミ朕カ親愛スル所ノ臣民ハ即チ朕カ祖宗ノ恵撫慈養シタマヒシ所ノ臣民ナルヲ念ヒ其ノ康福ヲ増進シ其ノ懿徳良能ヲ発達セシメムコトヲ願ヒ又其ノ翼賛ニ依リ与ニ倶ニ国家ノ進運ヲ扶持セムコトヲ望ミ乃チ明治十四年十月十二日ノ詔命ヲ履践シ茲ニ大憲ヲ制定シ朕カ率由スル所ヲ示シ朕カ後嗣及臣民及臣民ノ子孫タル者ヲシテ永遠ニ循行スル所ヲ知ラシム

国家統治ノ大権ハ朕カ之ヲ祖宗ニ承ケテ之ヲ子孫ニ伝フル所ナリ朕及朕カ子孫ハ将来此ノ憲法ノ条章ニ循ヒ之ヲ行フコトヲ愆ラサルヘシ

朕ハ我カ臣民ノ権利及財産ノ安全ヲ貴重シ及之ヲ保護シ此ノ憲法及法律ノ範囲内ニ於テ其ノ享有ヲ完全ナラシムヘキコトヲ宣言ス

帝国議会ハ明治二十三年ヲ以テ之ヲ召集シ議会開会ノ時ヲ以テ此ノ憲法ヲシテ有効ナラシムルノ期トスヘシ

将来若此ノ憲法ノ或ル条章ヲ改定スルノ必要ナル時宜ヲ見ルニ至ラハ朕及朕カ継統ノ子孫ハ発議ノ権ヲ執リ之ヲ議会ニ付シ議会ハ此ノ憲法ニ定メタル要件ニ依リ之ヲ議決スルノ外朕カ子孫及臣民ハ敢テ之カ紛更ヲ試ミルコトヲ得サルヘシ

朕カ在廷ノ大臣ハ朕カ為ニ此ノ憲法ヲ施行スルノ責ニ任スヘク朕カ現在及将来ノ臣民ハ此ノ憲法ニ対シ永遠ニ従順ノ義務ヲ負フヘシ

御名御璽

明治二十二年二月十一日

内閣総理大臣　伯爵　黒田清隆
枢密院議長　伯爵　伊藤博文
外務大臣　伯爵　大隈重信
海軍大臣　伯爵　西郷従道
農商務大臣　伯爵　井上　馨
司法大臣　伯爵　山田顕義
大蔵大臣兼内務大臣　伯爵　松方正義
陸軍大臣　伯爵　大山　巌
文部大臣　子爵　森　有礼
逓信大臣　子爵　榎本武揚

大日本帝国憲法

第一章　天皇

第一条　大日本帝国ハ万世一系ノ天皇之ヲ統治ス
第二条　皇位ハ皇室典範ノ定ムル所ニ依リ皇男子孫之ヲ継承ス
第三条　天皇ハ神聖ニシテ侵スヘカラス
第四条　天皇ハ国ノ元首ニシテ統治権ヲ総攬シ此ノ憲法ノ条規ニ依リ之ヲ行フ
第五条　天皇ハ帝国議会ノ協賛ヲ以テ立法権ヲ行フ
第六条　天皇ハ法律ヲ裁可シ其ノ公布及執行ヲ命ス
第七条　天皇ハ帝国議会ヲ召集シ其ノ開会閉会停会及衆議院ノ解散ヲ命ス
第八条　天皇ハ公共ノ安全ヲ保持シ又ハ其ノ災厄ヲ避クル為緊急ノ必要ニ由リ帝国議会閉会ノ場合ニ於テ法律ニ代ルヘキ勅令ヲ発ス
2　此ノ勅令ハ次ノ会期ニ於テ帝国議会ニ提出スヘシ若議会ニ於テ承諾セサルトキハ政府ハ将来ニ向テ其ノ効力ヲ失フコトヲ公布スヘシ
第九条　天皇ハ法律ヲ執行スル為ニ又ハ公共ノ安寧秩序ヲ保持シ及臣民ノ幸福ヲ増進スル為ニ必要ナル命令ヲ発シ又ハ発セシム但シ命令ヲ以テ法律ヲ変更スルコトヲ得ス
第十条　天皇ハ行政各部ノ官制及文武官ノ俸給ヲ定メ及文武官ヲ任免ス但シ此ノ憲法又ハ他ノ法律ニ特例ヲ掲ケタルモノハ各々其ノ条項ニ依ル
第十一条　天皇ハ陸海軍ヲ統帥ス
第十二条　天皇ハ陸海軍ノ編制及常備兵額ヲ定ム
第十三条　天皇ハ戦ヲ宣シ和ヲ講シ及諸般ノ条約ヲ締結ス
第十四条　天皇ハ戒厳ヲ宣告ス
2　戒厳ノ要件及効力ハ法律ヲ以テ之ヲ定ム
第十五条　天皇ハ爵位勲章及其ノ他ノ栄典ヲ授与ス
第十六条　天皇ハ大赦特赦減刑及復権ヲ命ス
第十七条　摂政ヲ置クハ皇室典範ノ定ムル所ニ依ル
2　摂政ハ天皇ノ名ニ於テ大権ヲ行フ

第二章　臣民権利義務

第十八条　日本臣民タル要件ハ法律ノ定ムル所ニ依ル
第十九条　日本臣民ハ法律命令ノ定ムル所ノ資格ニ応シ均ク文武官ニ任セラレ及其ノ他ノ公務ニ就クコトヲ得
第二十条　日本臣民ハ法律ノ定ムル所ニ従ヒ兵役ノ義務ヲ有ス
第二十一条　日本臣民ハ法律ノ定ムル所ニ従ヒ納税ノ義務ヲ有ス
第二十二条　日本臣民ハ法律ノ範囲内ニ於テ居住及移転ノ自

由ヲ有ス

第二十三条　日本臣民ハ法律ニ依ルニ非スシテ逮捕監禁審問処罰ヲ受クルコトナシ

第二十四条　日本臣民ハ法律ニ定メタル裁判官ノ裁判ヲ受クルノ権ヲ奪ハル、コトナシ

第二十五条　日本臣民ハ法律ニ定メタル場合ヲ除ク外其ノ許諾ナクシテ住所ニ侵入セラレ及捜索セラル、コトナシ

第二十六条　日本臣民ハ法律ニ定メタル場合ヲ除ク外信書ノ秘密ヲ侵サル、コトナシ

第二十七条　日本臣民ハ其ノ所有権ヲ侵サル、コトナシ

2　公益ノ為必要ナル処分ハ法律ノ定ムル所ニ依ル

第二十八条　日本臣民ハ安寧秩序ヲ妨ケス及臣民タルノ義務ニ背カサル限ニ於テ信教ノ自由ヲ有ス

第二十九条　日本臣民ハ法律ノ範囲内ニ於テ言論著作印行集会及結社ノ自由ヲ有ス

第三十条　日本臣民ハ相当ノ敬礼ヲ守リ別ニ定ムル所ノ規程ニ従ヒ請願ヲ為スコトヲ得

第三十一条　本章ニ掲ケタル条規ハ戦時又ハ国家事変ノ場合ニ於テ天皇大権ノ施行ヲ妨クルコトナシ

第三十二条　本章ニ掲ケタル条規ハ陸海軍ノ法令又ハ紀律ニ牴触セサルモノニ限リ軍人ニ準行ス

第三章　帝国議会

第三十三条　帝国議会ハ貴族院衆議院ノ両院ヲ以テ成立ス

第三十四条　貴族院ハ貴族院令ノ定ムル所ニ依リ皇族華族及勅任セラレタル議員ヲ以テ組織ス

第三十五条　衆議院ハ選挙法ノ定ムル所ニ依リ公選セラレタル議員ヲ以テ組織ス

第三十六条　何人モ同時ニ両議院ノ議員タルコトヲ得ス

第三十七条　凡テ法律ハ帝国議会ノ協賛ヲ経ルヲ要ス

第三十八条　両議院ハ政府ノ提出スル法律案ヲ議決シ及各々法律案ヲ提出スルコトヲ得

第三十九条　両議院ノ一ニ於テ否決シタル法律案ハ同会期中ニ於テ再ヒ提出スルコトヲ得ス

第四十条　両議院ハ法律又ハ其ノ他ノ事件ニ付各々其ノ意見ヲ政府ニ建議スルコトヲ得但シ其ノ採納ヲ得サルモノハ同会期中ニ於テ再ヒ建議スルコトヲ得ス

第四十一条　帝国議会ハ毎年之ヲ召集ス

第四十二条　帝国議会ハ三箇月ヲ以テ会期トス必要アル場合ニ於テハ勅命ヲ以テ之ヲ延長スルコトアルヘシ

第四十三条　臨時緊急ノ必要アル場合ニ於テ常会ノ外臨時会ヲ召集スヘシ

2　臨時会ノ会期ヲ定ムルハ勅命ニ依ル

第四十四条　帝国議会ノ開会閉会会期ノ延長及停会ハ両院同時ニ之ヲ行フヘシ
2　衆議院解散ヲ命セラレタルトキハ貴族院ハ同時ニ停会セラルヘシ
第四十五条　衆議院解散ヲ命セラレタルトキハ勅令ヲ以テ新ニ議員ヲ選挙セシメ解散ノ日ヨリ五箇月以内ニ之ヲ召集スヘシ
第四十六条　両議院ハ各々其ノ総議員三分ノ一以上出席スルニ非サレハ議事ヲ開キ議決ヲ為ス事ヲ得ス
第四十七条　両議院ノ議事ハ過半数ヲ以テ決ス可否同数ナルトキハ議長ノ決スル所ニ依ル
第四十八条　両議院ノ会議ハ公開ス但シ政府ノ要求又ハ其ノ院ノ決議ニ依リ秘密会ト為スコトヲ得
第四十九条　両議院ハ各々天皇ニ上奏スルコトヲ得
第五十条　両議院ハ臣民ヨリ呈出スル請願書ヲ受クルコトヲ得
第五十一条　両議院ハ此ノ憲法及議院法ニ掲クルモノ、外内部ノ整理ニ必要ナル諸規則ヲ定ムルコトヲ得
第五十二条　両議院ノ議員ハ議院ニ於テ発言シタル意見及表決ニ付院外ニ於テ責ヲ負フコトナシ但シ議員自ラ其ノ言論ヲ演説刊行筆記又ハ其ノ他ノ方法ヲ以テ公布シタルトキハ一般ノ法律ニ依リ処分セラルヘシ
第五十三条　両議院ノ議員ハ現行犯罪又ハ内乱外患ニ関ル罪ヲ除ク外会期中其ノ院ノ許諾ナクシテ逮捕セラル、コトナシ
第五十四条　国務大臣及政府委員ハ何時タリトモ各議院ニ出席シ及発言スルコトヲ得

第四章　国務大臣及枢密顧問

第五十五条　国務各大臣ハ天皇ヲ輔弼シ其ノ責ニ任ス
2　凡テ法律勅令其ノ他国務ニ関ル詔勅ハ国務大臣ノ副署ヲ要ス
第五十六条　枢密顧問ハ枢密院官制ノ定ムル所ニ依リ天皇ノ諮詢ニ応ヘ重要ノ国務ヲ審議ス

第五章　司法

第五十七条　司法権ハ天皇ノ名ニ於テ法律ニ依リ裁判所之ヲ行フ
2　裁判所ノ構成ハ法律ヲ以テ之ヲ定ム
第五十八条　裁判官ハ法律ニ定メタル資格ヲ具フル者ヲ以テ之ニ任ス
2　裁判官ハ刑法ノ宣告又ハ懲戒ノ処分ニ由ルノ外其ノ職ヲ免セラル、コトナシ
3　懲戒ノ条規ハ法律ヲ以テ之ヲ定ム

第五十九条　裁判ノ対審判決ハ之ヲ公開ス但シ安寧秩序又ハ風俗ヲ害スルノ虞アルトキハ法律ニ依リ又ハ裁判所ノ決議ヲ以テ対審ノ公開ヲ停ムルコトヲ得

第六十条　特別裁判所ノ管轄ニ属スヘキモノハ別ニ法律ヲ以テ之ヲ定ム

第六十一条　行政官庁ノ違法処分ニ由リ権利ヲ傷害セラレタリトスルノ訴訟ニシテ別ニ法律ヲ以テ定メタル行政裁判所ノ裁判ニ属スヘキモノハ司法裁判所ニ於テ受理スルノ限ニ在ラス

第六章　会計

第六十二条　新ニ租税ヲ課シ及税率ヲ変更スルハ法律ヲ以テ之ヲ定ムヘシ

2　但シ報償ニ属スル行政上ノ手数料及其ノ他ノ収納金ハ前項ノ限ニ在ラス

3　国債ヲ起シ及予算ニ定メタルモノヲ除ク外国庫ノ負担トナルヘキ契約ヲ為スハ帝国議会ノ協賛ヲ経ヘシ

第六十三条　現行ノ租税ハ更ニ法律ヲ以テ之ヲ改メサル限ハ旧ニ依リ之ヲ徴収ス

第六十四条　国家ノ歳出歳入ハ毎年予算ヲ以テ帝国議会ノ協賛ヲ経ヘシ

2　予算ノ款項ニ超過シ又ハ予算ノ外ニ生シタル支出アルトキハ後日帝国議会ノ承諾ヲ求ムルヲ要ス

第六十五条　予算ハ前ニ衆議院ニ提出スヘシ

第六十六条　皇室経費ハ現在ノ定額ニ依リ毎年国庫ヨリ之ヲ支出シ将来増額ヲ要スル場合ヲ除ク外帝国議会ノ協賛ヲ要セス

第六十七条　憲法上ノ大権ニ基ツケル既定ノ歳出及法律ノ結果ニ由リ又ハ法律上政府ノ義務ニ属スル歳出ハ政府ノ同意ナクシテ帝国議会之ヲ廃除シ又ハ削減スルコトヲ得ス

第六十八条　特別ノ須要ニ因リ政府ハ予メ年限ヲ定メ継続費トシテ帝国議会ノ協賛ヲ求ムルコトヲ得

第六十九条　避クヘカラサル予算ノ不足ヲ補フ為ニ又ハ予算ノ外ニ生シタル必要ノ費用ニ充ツル為ニ予備費ヲ設クヘシ

第七十条　公共ノ安全ヲ保持スル為緊急ノ需用アル場合ニ於テ内外ノ情形ニ因リ政府ハ帝国議会ヲ召集スルコト能ハサルトキハ勅令ニ依リ財政上必要ノ処分ヲ為スコトヲ得

2　前項ノ場合ニ於テハ次ノ会期ニ於テ帝国議会ニ提出シ其ノ承諾ヲ求ムルヲ要ス

第七十一条　帝国議会ニ於テ予算ヲ議定セス又ハ予算成立ニ至ラサルトキハ政府ハ前年度ノ予算ヲ施行スヘシ

第七十二条　国家ノ歳出歳入ノ決算ハ会計検査院之ヲ検査確定シ政府ハ其ノ検査報告ト倶ニ之ヲ帝国議会ニ提出スヘシ

2　会計検査院ノ組織及職権ハ法律ヲ以テ之ヲ定ム

第七章　補則

第七十三条　将来此ノ憲法ノ条項ヲ改正スルノ必要アルトキハ勅命ヲ以テ議案ヲ帝国議会ノ議ニ付スヘシ

2　此ノ場合ニ於テ両議院ハ各々其ノ総員三分ノ二以上出席スルニ非サレハ議事ヲ開クコトヲ得ス出席議員三分ノ二以上ノ多数ヲ得ルニ非サレハ改正ノ議決ヲ為スコトヲ得ス

第七十四条　皇室典範ノ改正ハ帝国議会ノ議ヲ経ルヲ要セス

2　皇室典範ヲ以テ此ノ憲法ノ条規ヲ変更スルコトヲ得ス

第七十五条　憲法及皇室典範ハ摂政ヲ置クノ間之ヲ変更スルコトヲ得ス

第七十六条　法律規則命令又ハ何等ノ名称ヲ用ヰタルニ拘ラス此ノ憲法ニ矛盾セサル現行ノ法令ハ総テ遵由ノ効力ヲ有ス

2　歳出上政府ノ義務ニ係ル現在ノ契約又ハ命令ハ総テ第六十七条ノ例ニ依ル

〔(旧) 皇室典範〕

皇室典範上諭

天佑ヲ享有シタル我カ日本帝国ノ宝祚ハ万世一系歴代継承シ以テ朕カ躬ニ至ル惟フニ祖宗肇国ノ初大憲一タヒ定マリ昭ナルコト日星ノ如シ今ノ時ニ当リ宜ク遺訓ヲ明徴ニシ皇家ノ成典ヲ制立シ以テ丕基ヲ永遠ニ鞏固ニスヘシ茲ニ枢密顧問ノ諮詢ヲ経皇室典範ヲ裁定シ朕カ後嗣及子孫ヲシテ遵守スル所アラシム

御名御璽

明治二十二年二月十一日

皇室典範

第一章　皇位継承

第一条　大日本国皇位ハ祖宗ノ皇統ニシテ男系ノ男子之ヲ継承ス

第二条　皇位ハ皇長子ニ伝フ

第三条　皇長子在ラサルトキハ皇長孫ニ伝フ皇長子及其ノ子孫皆在ラサルトキハ皇次子及其ノ子孫ニ伝フ以下皆之ニ例ス

第四条　皇子孫ノ皇位ヲ継承スルハ嫡出ヲ先ニス皇庶子孫ノ皇位ヲ継承スルハ皇嫡子孫皆在ラサルトキニ限ル

第五条　皇子孫皆在ラサルトキハ皇兄弟及其ノ子孫ニ伝フ

第六条　皇兄弟及其ノ子孫皆在ラサルトキハ皇伯叔父及其ノ子孫ニ伝フ

第七条　皇伯叔父及其ノ子孫皆在ラサルトキハ其ノ以上ニ於テ最近親ノ皇族ニ伝フ

第八条　皇兄弟以上ハ同等内ニ於テ嫡ヲ先ニシ庶ヲ後ニシ長ヲ先ニシ幼ヲ後ニス

第九条　皇嗣精神若ハ身体ノ不治ノ重患アリ又ハ重大ノ事故アルトキハ皇族会議及枢密顧問ニ諮詢シ前数条ニ依リ継承ノ順序ヲ換フルコトヲ得

第二章　践祚即位

第十条　天皇崩スルトキハ皇嗣即チ践祚シ祖宗ノ神器ヲ承ク

第十一条　即位ノ礼及大嘗祭ハ京都ニ於テ之ヲ行フ

第十二条　践祚ノ後元号ヲ建テ一世ノ間ニ再ヒ改メサルコト明治元年ノ定制ニ従フ

第三章　成年立后立太子

第十三条　天皇及皇太子皇太孫ハ満十八年ヲ以テ成年トス

第十四条　前条ノ外ノ皇族ハ満二十年ヲ以テ成年トス

第十五条　儲嗣タル皇子ヲ皇太子トス皇太子在ラサルトキハ儲嗣タル皇孫ヲ皇太孫トス

第十六条　皇后皇太子皇太孫ヲ立ツルトキハ詔書ヲ以テ之ヲ公布ス

第四章　敬称

第十七条　天皇太皇太后皇太后皇后ノ敬称ハ陛下トス

第十八条　皇太子皇太子妃皇太孫皇太孫妃親王親王妃内親王王王妃女王ノ敬称ハ殿下トス

第五章　摂政

第十九条　天皇未タ成年ニ達セサルトキハ摂政ヲ置ク

2　天皇久キニ亘ルノ故障ニ由リ大政ヲ親ラスルコト能ハサルトキハ皇族会議及枢密顧問ノ議ヲ経テ摂政ヲ置ク

第二十条　摂政ハ成年ニ達シタル皇太子又ハ皇太孫之ニ任ス

第二十一条　皇太子皇太孫在ラサルカ又ハ未タ成年ニ達セサルトキハ左ノ順序ニ依リ摂政ニ任ス

第一　親王及王

第二　皇后

第三　皇太后

第四　太皇太后

第五　内親王及女王

第二十二条　皇族男子ノ摂政ニ任スルハ皇位継承ノ順序ニ従フ其ノ女子ニ於ケルモ亦之ニ準ス

人物略歴

※論旨に関連性が深い人物のみを抽出した（五十音順）
※旧暦を変換する性質上、元号と西暦が一律でない箇所もある

板垣退助（いたがき・たいすけ）＝天保8年（1837）～大正8年（1919）
土佐藩で藩政運営の中核を務めるが、意見が容れられず討幕派と連携、戊辰戦争でも活躍した。明治六年征韓論をめぐって下野。七年後藤象二郎らとともに民撰議院設立建白書を政府に提出。愛国公党や立志社を設立し、自由民権運動の先頭に立った。十四年自由党を結成。三十一年最初の政党内閣である隈板内閣の内相を務めた。つとに「一代華族論」を唱え、綬爵を拝辞したものの許されなかったため、遺言により子孫の襲爵の手続きを怠らしめてその遺志を全うした。

伊藤博文（いとう・ひろぶみ）＝天保12年（1841）～明治42年（1909）
吉田松陰に師事し、松下村塾に学ぶ。木戸孝允、高杉晋作らとともに尊皇攘夷運動に参加。明治四年岩倉遣外使節団の副使として欧米を巡歴した。十四年の政変により対立した大隈重信を政府から追放し、政府の実権を握る。十五年憲法調査のため渡欧。十八年内閣制度を創設し自ら初代内閣総理大臣となる。大日本帝国憲法の制定でも中心的役割を果たし、枢密院議長、貴族院議長、首相（四度）、初代韓国統監等を歴任。四十二年ハルビン駅頭で韓国の独立運動家・安重根により射殺され、国葬をもって送られた。

伊東巳代治（いとう・みよじ）＝安政4年（1857）～昭和9年（1934）
早くから長崎で英語を修め、伊藤博文の知遇を得て明治新政府に出仕。明治十五年伊藤の欧州憲法調査に随行し、帰国後は伊藤の秘書官として井上毅、金子堅太郎とともに大日本帝国憲法、皇室典範その他諸法典の起草に当たった。以後、首相秘書官、枢密院書記官長、貴族院勅選議員、第二次伊藤内閣書記官長、第三次伊藤内閣農商務相、枢密顧問官等を歴任。「憲法の番人」を自任し、枢密院の重鎮として昭和初期まで政界に影響力を及ぼした。

犬養毅（いぬかい・つよし）＝安政2年（1855）～昭和7年（1932）
『郵便報知新聞』の記者として西南戦争に従軍。『東海経済新報』記者等を経て、大隈重信が結成した立憲改進党に参画、大同団結運動で活躍した。明治二十三年第一回総選挙で衆議院議員に当選、以後四十二年間にわたり第十八回総選挙まで連続当選する。第一次大隈内閣文相、第二次山本内閣逓相等を務め、第一次護憲運動では尾崎行雄とともに「憲政の神様」と称された。昭和四年立憲政友会総裁。六年首相となるが、七年五・一五事件で暗殺された。政治的な言動からしばしば策士と評されることもあった。号は木堂。

井上馨（いのうえ・かおる）＝天保6年（1836）～大正4年（1915）
高杉晋作らとともに尊皇攘夷運動に参加するも早くに開国論に転じる。維新後は参与、外国事務掛、大蔵大輔等を務めた。明治八年元老院議官となり、九年特命副全権大使として日朝修好条規を結んだ。十八年第一次伊藤内閣の外相に就任。鹿鳴館に象徴される欧化政策を展開し、不平等条約の改正に取り組んだが、国民の反対運動が高まり辞職。その後は農商務相、内相、蔵相等を歴任した。紡績や鉄道など実業界の発展にも尽くし、引退後も元老として影響力を保持した。

井上毅（いのうえ・こわし）＝天保14年（1844）～明治28年（1895）
明治四年司法省に出仕、五年江藤新平の指名により渡欧。以降、岩倉具視・伊藤博文らの命で、各種の重要政策を起案した。十四年欽定憲法構想立案や国会開設の勅諭を起草、大日本帝国憲法や皇室典範の起草にも参加した。二十一年枢密院書記官長として憲法制定会議の司会を務める。二十三年枢密顧問官となり、「教育勅語」を起草。理論の明敏さとそれを表現する文才に特に秀で、立憲議会制国家の基礎を構築した官僚として名高い。「明治国家のグランドデザイナー」とも称される。号は梧陰。

岩倉具視（いわくら・ともみ）＝文政8年（1825）～明治16年（1883）
安政元年孝明天皇の侍従となる。公武合体派として和宮降嫁を強く推進したため尊攘派から糾弾され、慶応三年まで蟄居となる。以後、討幕へと転回し、大久保利通らと王政復古を主導した。明治元年三条実美とともに副総裁に挙げられ、新政府の柱石として活躍。一世一元制は岩倉が建議した。四年特命全権大使として使節団を伴い欧米を視察。欽定憲法制定の方針を確定し、皇室や華族の擁護にも力を注いだ。十六年臣下として初めて国葬で葬られた。二十二年の大日本帝国憲法発布式当日、明治天皇はこの日を待たずして没した岩倉、大久保、木戸孝允らの墓前に勅使を差遣され、憲法発布を申告されるほど大きな功績を残した。

江藤新平（えとう・しんぺい）＝天保5年（1834）～明治7年（1874）

尊皇攘夷運動に加わり、その後開国論に転ずる。文久二年木戸孝允を頼って脱藩し皇権回復の密奏を企てるも失敗、藩から無期謹慎を命ぜられる。明治元年新政府成立後、徴士として出仕、岩倉具視に江戸遷都を建議した。五年司法卿となり、司法権の独立や司法制度の整備、民法編纂などに尽力。六年参議となるが征韓論争に敗れて下野した。七年民撰議院設立建白書に署名しながらも、同年帰郷後に佐賀征韓党の首領となり、佐賀の乱を起こすが敗れて処刑された。

大久保利通（おおくぼ・としみち）＝文政13年（1830）～明治11年（1878）

島津久光のもとで公武合体運動を推進するが、次第に討幕派へと進む。薩長連合を結ぶ一方、岩倉具視らとともに王政復古を実現。討幕に指導的な役割を果たし、新政府の基礎を固めた。明治四年岩倉遣外使節団に副使として随行。帰国後、留守政府で懸案となっていた征韓論争で征韓派参議を下野させるとともに、参議兼内務卿として政府の中心的存在となる。佐賀の乱から西南戦争に至るまで各地の士族反乱の鎮圧に当たったが、十一年紀尾井坂で士族・島田一郎（一良）らに暗殺された。木戸孝允、西郷隆盛と並んで「維新三傑」の一人に挙げられる。

大隈重信（おおくま・しげのぶ）＝天保9年（1838）～大正11年（1922）

尊攘激派として活躍。維新後、外国事務局判事などを経て、明治三年参議、六年大蔵省事務総裁ついで大蔵卿となり、大隈財政を展開した。十四年の政変で下野、多くの大隈派官僚も辞職した。十五年立憲改進党を結成、東京専門学校（現・早稲田大学）を創立した。二十一年外相となるが、二十二年条約改正交渉をめぐり反対派の爆弾による襲撃を受け片脚を失うとともに辞職。三十一年板垣退助とともに憲政党を結成、最初の政党内閣である隈板内閣で首相に就任した。

勝海舟（かつ・かいしゅう）＝文政6年（１８２３）～明治32年（１８９９）
安政元年ペリー来航に際して提出した海防意見書が幕臣・大久保一翁の目に留まり、二年蕃書翻訳御用を命ぜられる。元治元年軍艦奉行に就任、神戸に海軍操練所を開き、坂本龍馬ら諸藩の学生、志士を教育した。戊辰戦争では徳川家の保全、慶喜の助命、江戸城の無血開城に大きく尽力。新政府では海軍大輔、参議兼海軍卿、元老院議官等を歴任するも多くは直ちに辞し、明治八年以降は在野で政治・社会を論じたが、政界の影の相談役として重要な地位を保った。二十一年枢密顧問官となり枢密院憲法会議にも出席した。海舟は号で、安房、安芳とも名乗った。

金子堅太郎（かねこ・けんたろう）＝嘉永6年（１８５３）～昭和17年（１９４２）
明治四年アメリカに留学し、ハーバード大学で法学を修める。帰国後に出仕、首相秘書官等を務める。大日本帝国憲法や皇室典範の草案起草に参画し、諸法典の整備にも尽力。第三次伊藤内閣農商務相、第四次伊藤内閣司法相を歴任。日露開戦時にはアメリカに派遣され、留学時代の級友セオドア・ルーズベルト大統領と折衝、広報外交を展開する。三十九年枢密顧問官。大正六年に創設された日米協会の初代会長も務めるなど、生涯にわたり日米友好に力を尽くした。

木戸孝允（きど・たかよし）＝天保4年（１８３３）～明治10年（１８７７）
吉田松陰の松下村塾に入門。後に江戸で剣術、西洋兵学、蘭学を学ぶ。長州藩の藩論を討幕へと導き、慶応二年薩長同盟の締結に尽力。王政復古後は五箇条の御誓文の起草にも参画、明治天皇が公卿・諸侯・百官を率いて神前に誓う形式は木戸の発意による。版籍奉還や廃藩置県の断行でも存在感を示し、明治四年岩倉遣外使節団に副使として参加。数々の開明的な建言と政策を実行し、立憲制の漸進的樹立を唱えた。

グナイスト（ルドルフ・フォン・グナイスト）＝1816年（文化13）～1895年（明治28）
ドイツ（プロシア）の法学者。ベルリン大学教授、後にドイツ帝国議会議員、プロシア上級行政裁判所の裁判官も務めた。イギリス憲政史の研究家で保守的な自由主義者といわれ、プロシア王室やビスマルクの信任を得た。一八八二年（明治十五）渡欧した伊藤博文や伊東巳代治ら日本の憲法調査団に法学を講義。後年、伏見宮貞愛親王、土方久元にも講義した。これらの説が明治二十年『西哲夢物語』として民間により秘密出版された。その後もグナイストの弟子で日本政府の顧問となったモッセを通し、伊藤や山縣有朋などに示唆を与えた。

グラント（ユリシーズ・シンプソン・グラント）＝1822年（文政5）～1885年（明治18）
アメリカ合衆国の軍人、政治家。南北戦争当時の北軍総司令官、第十八代大統領。南北戦争で北軍に勝利をもたらすなど大きな戦功を挙げ、一八六八年（明治元）大統領に当選。二期八年務めたが、在任中は汚職やスキャンダルに悩まされた。大統領退任後は世界周遊に旅立ち、明治十二年国賓として来日。アメリカ合衆国大統領経験者として初めて日本を訪れ、東京・浜離宮で明治天皇と会談、憲法制定や国会開設について進言した。

黒田清隆（くろだ・きよたか）＝天保11年（1840）～明治33年（1900）
薩長同盟の成立に奔走し、戊辰戦争では五稜郭の戦いを指揮。敵将・榎本武揚から貴重書『海律全書』を託され、榎本の助命を強く主張、実現した。維新後は開拓次官、開拓長官として北海道経営にあたり、札幌農学校の設立、屯田兵の創設など開拓の基礎を築く。明治十四年開拓使官有物払下事件で世論の攻撃を受け、政変の原因をつくった。第一次伊藤内閣の農商務相を務め、二十一年首相。二十二年二月の大日本帝国憲法発布時も首相として式典の挙行に当たった。その後も枢密顧問官、枢密院議長等を歴任。没後の葬儀委員長は榎本が務めた。

後藤象二郎（ごとう・しょうじろう）＝天保9年（１８３８）～明治30年（１８９７）
土佐藩主・山内容堂に登用され、藩政の実権を握る。慶応三年坂本龍馬の「船中八策」に賛同し、容堂を説得、将軍・徳川慶喜に大政奉還を建白した。維新後は新政府内で要職に就くが、明治六年征韓論争に敗れて下野、七年板垣退助らと民撰議院設立建白書を提出した。十四年板垣と自由党の結成に加わり、十五年ともに渡欧、オーストリアでシュタインの影響を受けた。二十年民間有志を集めて反政府的な大同団結運動を展開。国会開設を目指して民党の結成に力を注いだが、二十二年突如として黒田内閣の逓信相に就任し、世間を驚かせた。

西郷隆盛（さいごう・たかもり）＝文政10年（１８２８）～明治10年（１８７７）
慶応二年薩長同盟を結ぶなど幕末・明治維新に功績を残し、四年勝海舟との会談で江戸城無血開城を実現させた。新政府でも参議として改革を断行、明治六年陸軍大将となるが征韓論争に敗れて下野した。十年郷里の私学校生徒の暴発により挙兵（西南戦争）するも政府軍に敗れ、城山で自刃。生前に官位を褫奪され、死後は賊軍の将として遇されたが、二十二年大日本帝国憲法発布に伴う大赦で正三位を追贈された。

三条実美（さんじょう・さねとみ）＝天保8年（１８３７）～明治24年（１８９１）
尊皇攘夷派公家の中心的存在として頭角を現したが、文久三年公武合体派により尊攘派の京都追放を画策した八月十八日の政変が起こり、七卿落ちの一人として長州、後に太宰府に下る。王政復古後は表舞台に復し、新政府で副総裁、右大臣、太政大臣等を歴任、新政府の最高首脳として国運の発展に大きく貢献した。明治十八年内閣制度創設後は内大臣となり、常侍輔弼の重責を担う。二十二年黒田内閣辞職後、一時首相を兼任した。生前（死去当日）正一位に叙せられ、国葬の礼を賜った。

シュタイン（ローレンツ・フォン・シュタイン）＝１８１５年（文化12）～１８９０年（明治23）
ドイツの法学者、思想家。ウィーン大学教授であった一八八二年（明治十五）憲法調査のため渡欧していた伊藤博文らに講義。

「日本はその歴史的国体を尊重した独自の立憲君主国憲法を作るべきである」との主張は伊藤に大きな感銘を与え、その後も多くの政府要人が渡欧して教えを受けた。大日本帝国憲法制定過程において、政府内部の思想的統一を図る上でシュタインの存在は大きな役割を果たした。講義した内容は『須多因氏講義筆記』『大博士斯丁氏講義筆記』などにうかがうことができる。

スペンサー（ハーバート・スペンサー）＝1820年（文政3）～1903年（明治36）

イギリスの哲学者、社会学者。自由放任主義を唱え、日本における自由民権運動の思想的支柱とされた。明治十四年松島剛によって訳された『社会平権論』が当時の民権青年に熱狂的に支持され、「民権の教科書」と評されるほどのブームを生じさせた。その一方、日本人に直接与えた助言は極めて保守的で、社会進化論に基づいた「急速な近代化政策は採るべきではない」との忠告は海外駐在中であった森有礼に大きな影響を与えた。その後も制定された大日本帝国憲法について「自由の大盤振る舞い」と批判した記録が残っている。

谷干城（たに・たてき）＝天保8年（1837）～明治44年（1911）

尊皇攘夷運動に加わるが、慶応二年の上海出張を経て攘夷論を捨て、三年西郷隆盛や大久保利通と討幕を密約、準備に奔走した。明治九年熊本鎮台司令長官に再任されると翌年の西南戦争で熊本城を死守。五十日間にわたる籠城によって西郷軍の鋭鋒を制する。十七年学習院長に就任。十八年第一次伊藤内閣で農商務相を務めるが政府の欧化主義、条約改正案を批判し大臣を辞職。保守的な姿勢を貫き、土佐派の重鎮としてその言論を重んじられた。

徳富蘇峰（とくとみ・そほう）＝文久3年（1863）～昭和32年（1957）

平民主義を唱え、明治十九年に著した『将来之日本』が好評を博して上京。民友社を創設し、『國民之友』『國民新聞』を創刊する。日清戦争後の三国干渉を機に国権主義へと転じ、三十年第二次松方内閣の内務省勅任参事官に就任、三十四年に成立した桂内閣にも深く関与した。昭和二十七年には大正期から執筆していた大著の史書『近世日本国民史』（百巻）が完結。明治・

大正・昭和の三代にわたりオピニオン・リーダーとして活躍した。

中江兆民（なかえ・ちょうみん）＝弘化4年（1847）～明治34年（1901）
長崎、江戸でフランス学を学ぶ。明治四年フランスに渡り、帰国後に仏学塾を開く。十四年『東洋自由新聞』を創刊、主筆。自由民権運動の理論的指導者として知られ、「東洋のルソー」と称される。二十年保安条例により東京追放処分を受ける。二十二年大日本帝国憲法発布に伴う大赦で追放を解かれ、二十三年第一回衆院選に当選したが翌年辞職。ルソー『民約論』の翻訳『民約訳解』、『三酔人経綸問答』、『平民の目さまし』、『一年有半』など多くの翻訳・著作がある。兆民は号で、本名は篤介（篤助）。

土方久元（ひじかた・ひさもと）＝天保4年（1833）～大正7年（1918）
文久元年土佐勤王党に加わり、三年藩命により上京、三条実美の信頼を得る。同年八月十八日の政変により七卿が追放されると、三条に従い長州、後に太宰府に下る。その後、中岡慎太郎とともに薩長同盟の実現にも尽力。明治二十年第一次伊藤内閣で農商務相、次いで宮内相に転じ、翌年枢密顧問官を兼ね、大日本帝国憲法の草案審議にも加わった。大正三年宮内省臨時帝室編修局総裁に就き『明治天皇紀』の編纂に携わる。晩年は皇典講究所長、國學院大學長、東京女学館長等も務めるなど教育関係の仕事に尽力した。

ビスマルク（オットー・フォン・ビスマルク）＝1815年（文化12）～1898年（明治31）
ドイツの政治家。一八六二年（文久二）プロイセン首相に任命され、軍政改革を断行。「鉄血宰相」の異名をとる。その後も普墺戦争、普仏戦争に相次いで勝利し、ドイツ統一の中心人物としてドイツ帝国首相を兼務。巧みな外交政策で当時のヨーロッパに「ビスマルク体制」と呼ばれる国際関係を構築したが、強権的で排他的な政権運営が批判されることも少なくなかった。一八七三年（明治六）ドイツ訪問中の岩倉遣外使節団と面会し、大久保利通や伊藤博文は深い感銘を受けたといわれる。一八八二年（明治十五）伊藤が憲法調査のため渡欧した際にも会談し、ベルリン大学教授であったグナイストを伊藤に紹介するなど、ドイツ法学を参考する日本に協力的な姿勢を示した。

ボアソナード（ギュスターヴ・エミール・ボアソナード）＝1825年（文政8）～1910年（明治43）
フランスの法学者。パリ大学で教鞭をとっていた一八七三年（明治六）井上毅ら日本人留学生に講義し、これを機に日本政府に招聘され同年来日。フランス法学と自然法学を講じ、日本国内の法学者育成に尽力した。明治七年台湾出兵後の北京での交渉に同行、十五年壬午事変の際にも意見書を提出するなど外交上も大きな役割を果たした。二十年井上馨外相の外国人司法官任用案に反対意見書を提出。国内法整備にも大きく貢献し、「日本近代法の父」とも称される。二十八年の帰国に際して日本政府は勲一等瑞宝章を授け、年金二千円を贈るなどその業績が高く評価された。

モッセ（アルベルト・モッセ）＝1846年（弘化3）～1925年（大正14）
ドイツの法律家。ベルリン市裁判所判事だった一八七九年（明治十二）在ドイツ日本公使館の顧問に就任。一八八二年（明治十五）憲法調査のため渡欧していた伊藤博文、伊東巳代治らに師・グナイストとともに講義し、明治十九年法律顧問として来日した。二十年山縣有朋を委員長とする地方制度編纂委員会はモッセの意見書を基礎として地方官治・府県・郡・市町村などの体制を編成。二十一年に公布された市制・町村制にも大きな影響を与え、「日本の地方自治制度の恩人」と呼ばれた。

元田永孚（もとだ・ながざね）＝文政元年（1818）～明治24年（1891）
明治三年熊本藩主の侍読となる。四年宮内省へ出仕、明治天皇の侍講となる。以後二十年余にわたり明治天皇の側近として儒学を講じた。名実ともに天皇を頂点とした政治体制を主張し、十二年天皇親政運動を展開するが頓挫した。十九年宮中顧問官、二十一年枢密顧問官。「教学大旨」の起草、「幼学綱要」の編纂に携わり、「教育勅語」の起草にも当たった。明治天皇の信任が厚く、「御手許機関の顧問」として意見を求められることもしばしばあった。

森有礼（もり・ありのり）＝弘化４年（１８４７）～明治22年（１８８９）
慶応元年留学生としてイギリスに留学、アメリカを経て明治元年帰国すると新政府で徴士、外国官権判事、公議所議長心得等を務める。アメリカ駐在後の六年明六社を設立するなど、欧米思想の啓蒙運動に活躍した。八年私財を投じて商法講習所（現・一橋大学）を設立。十二年駐英公使。十八年第一次伊藤内閣の文相となり近代教育制度の改革に当たった。海外駐在中にスペンサーらと交わったこともあり独自の政治観・国家観を有するにいたった。開明的な性格であると同時に国家主義的な一面も併せ持つことが誤解を招いたとされ、二十二年大日本帝国憲法発布式の当日朝、国粋主義者に襲われて翌日死亡した。

柳原前光（やなぎわら・さきみつ）＝嘉永３年（１８５０）～明治27年（１８９４）
戊辰戦争では東海道鎮撫副総督等を務め、明治二年外務省に入省。日清修好条約の締結にも尽力し、七年駐清公使となる。その後も元老院議官、枢密顧問官、宮中顧問官等を歴任。西南戦争では勅使として鹿児島に差遣された。憲法その他の諸法典の調査・審議に当たったほか、皇室典範など皇室諸制度の制定でも大きな役割を果たし、公家出身官僚の俊秀と評された。大正天皇の生母・柳原愛子は妹にあたり、昭和天皇の侍従長を長く務めた入江相政は孫にあたる。

矢野文雄（やの・ふみお）＝嘉永３年（１８５１）～昭和６年（１９３１）
明治十一年大蔵省入省を経て、太政官大書記官兼統計院幹事に就くが、十四年の政変で大隈重信に従い退官。政変の一因となった「大隈参議国会開設奏議」は矢野の筆によるものといわれる。十五年「東洋議政会」を率いて立憲改進党結成に参加。すでに社長に就任していた『郵便報知新聞』を党の機関紙として党の発展に尽力した。二十三年の第一回帝国議会開院式には明治天皇の侍従として参列した。龍渓の号で政治小説などの文筆活動を展開。政界から身を引いた後も多くの政論・随想を残した。

ロエスラー（ヘルマン・ロエスラー）＝１８３４年（天保５）～１８９４年（明治27）
ドイツの法学者、経済学者。ビスマルクの非立憲的な政治手法を批判したことで学界から敬遠されたことなどを背景に明治十一年来日。商法典の起草に携わりながら大日本帝国憲法の制定準備にも関わった。とくに井上毅とは多くの議論を積み重ね、大日本帝国憲法の内容・構成・条文において多大な影響を与えた。自身が関与した大日本帝国憲法、商法の公布を見届けた二十六年オーストリアに帰国。明治天皇は長期にわたる顧問としての功績に謝辞を述べ、銅花瓶一対を下賜した。ロエスレル、レースレルなどと表記されることもある。

※『明治維新人名辞典』『国史大辞典』（ともに吉川弘文館）、国立国会図書館ホームページ「近代日本人の肖像」（http://www.ndl.go.jp/portrait/）などを参照

出来事 おもに神社・神道に関する事項（慶応４年／明治元年以降）	年代
—	嘉永６(1853)
—	嘉永７(1854)
—	安政５(1858)
—	文久３(1863)
—	慶応２(1866)
—	慶応３(1867)
神祇事務科設置。神祇事務局を経て神祇官となる 神社を兼務する僧侶に還俗の命令 神仏混淆の廃止（仏像､仏具の撤去）いわゆる神仏分離令（神仏判然令） 切支丹宗他邪宗門の禁制を達する 神職は神葬式に改めしむる件 神仏分離令の趣旨を諭し、僧侶のみだりに復飾するのを禁止する	慶応４／ 明治元(1868)
明治天皇、神宮御参拝 明治天皇の思召により、東京招魂社が創建（後の靖國神社） 神祇官・太政官制の設立、宣教使を設置	明治２(1869)
神祇鎮祭の詔、大教宣布の詔が出される 神祇官神殿鎮座（天神地祇、八神、歴代皇霊奉斎）	明治３(1870)
社寺領上知令公布 神社は国家の宗祀につき、神宮以下神社の世襲神職を廃し精選補任の件 政府、全国の神社に対し、社格を制定 神祇官が神祇省へ改組	明治４(1871)

関係略年表

年代	出来事 おもに大日本帝国憲法制定過程等に関する事項
嘉永 6 (1853)	ペリー（アメリカ東インド艦隊)、浦賀に来航
嘉永 7 (1854)	ペリー再来日、日米和親条約が調印される
安政 5 (1858)	日米修好通商条約が調印される 安政の大獄始まる
文久 3 (1863)	急進尊攘派公卿らが京都から追放され、三条実美をはじめ七卿が長州、後に太宰府へ下る（8月18日の政変)
慶応 2 (1866)	薩長同盟が結ばれる
慶応 3 (1867)	将軍・徳川慶喜、大政奉還上表を朝廷に提出 王政復古の大号令が発せられ新政府が樹立、総裁・議定・参与の三職制が定められる（1868年1月)
慶応 4／明治元(1868)	戊辰戦争が勃発、江戸無血開城に至る 五箇条の御誓文が天神地祇に誓われる 政体書が発せられ、三権分立の思想に基づき太政官制が樹立 江戸を東京と改称、明治に改元、一世一元の制を定める
明治 2 (1869)	版籍奉還
明治 3 (1870)	
明治 4 (1871)	廃藩置県 岩倉具視を特命全権大使とする使節団が欧米に派遣される（6年9月帰国)

出来事 おもに神社・神道に関する事項	年代
教部省設置（社寺管掌） 元神祇省鎮座天神地祇八神両座宮中へ遷座（後の神殿）仰出さる 三条の教則（敬神愛国、天理人道、皇上奉戴・朝旨遵守）が出される 自葬を禁じ、葬儀は神官・僧侶に依頼すべき件 神官総て教導職に補する件	明治 5（1872）
切支丹宗禁制の高札撤去	明治 6（1873）
明治天皇が東京招魂社（後の靖國神社）へ初の行幸	明治 7（1874）
神社祭式制定 府県社以下祭式は官国幣社祭式に準ずべき件 信教の自由保障の口達	明治 8（1875）
	明治 9（1876）
教部省を廃止し、内務省に社寺局を設置	明治10（1877）
	明治11（1878）
東京招魂社を靖國神社と改称、別格官幣社となる	明治12（1879）
	明治13（1880）
	明治14（1881）

関係略年表

年代	出来事 おもに大日本帝国憲法制定過程等に関する事項
明治5(1872)	
明治6(1873)	征韓論争に敗れた西郷隆盛・板垣退助・後藤象二郎ら諸参議が下野(明治6年の政変)
明治7(1874)	愛国公党結成 板垣退助・後藤象二郎らが民撰議院設立建白書を提出 江藤新平らが佐賀の乱を起こす
明治8(1875)	大久保利通・木戸孝允・板垣退助らが会合(大阪会議)、木戸・板垣の参議復帰が実現 立憲政体樹立の詔が出される 元老院が設置される
明治9(1876)	元老院に国憲起草を命じる勅語が出される 元老院、第一次草案を作成
明治10(1877)	鹿児島で西郷隆盛が挙兵、西南戦争が勃発する
明治11(1878)	元老院、第二次草案を作成
明治12(1879)	米前大統領・グラント来日、東京・浜離宮で明治天皇と会談
明治13(1880)	元老院、第三次草案を作成するも、岩倉具視・伊藤博文らの反対により不採択
明治14(1881)	大隈重信が早急な憲法制定・国会開設・英国流議院内閣制の採用等を奏議 矢野文雄を中心とした交詢社私擬憲法案が作成される 岩倉具視、憲法制定に関する意見(大綱領)を提出。欽定憲法、皇位継承法は別立て、プロシア(ドイツ)憲法を範とする等の方針が定まる 開拓使官有物払下問題が表面化。大隈が罷免され、大隈派官吏も一斉に辞官(明治14年の政変) 国会開設の勅諭が出され、明治23年を期して国会開設、それまでに憲法を制定する方針が確定する 自由党結党(総理・板垣退助)

出来事 おもに神社・神道に関する事項	年代
神官と教導職の兼補を廃し、葬儀に関与せざらしむる件 神宮皇學館、設置 皇典講究所、設置認可	明治15(1882)
	明治16(1883)
神仏教導職を廃止し、教師の等級進退のことを各管長に委任 葬儀執行方の件（自葬の禁解除）	明治17(1884)
	明治18(1885)
内務省官制を定め、社寺局に神社課と寺院課とを置く	明治19(1886)
官国幣社保存金制度の制定 靖國神社、内務省を離れ、陸海軍省二省のみの所管となる	明治20(1887)
	明治21(1888)
衆議院議員選挙法（神官、僧侶、教師は被選挙人たることを得ざること）公布 神社界、神祇官興復運動の開始	明治22(1889)
神宮職員官等表中改正で祭主は皇族であることを付け加える 政府、皇紀2550年を記念して橿原神宮を創建、官幣大社に列せられる 皇典講究所を母体として國學院が設立され開院式を挙行	明治23(1890)

年代	出来事 おもに大日本帝国憲法制定過程等に関する事項
明治15(1882)	伊藤博文らが憲法調査のため欧州を巡歴、グナイスト・モッセ・シュタインの講義を受ける（翌16年帰国） 立憲改進党結党（総理・大隈重信）
明治16(1883)	
明治17(1884)	宮中に制度取調局を設置（長官・伊藤博文）、井上毅・伊東巳代治・金子堅太郎を御用掛として憲法体制の準備が進められる
明治18(1885)	太政官制が廃止、内閣制度が定められる（初代首相・伊藤博文）
明治19(1886)	井上馨外相の条約改正交渉案（外国人判事任用等）に政府内から異論相次ぎ、交渉が暗礁に乗り上げる
明治20(1887)	井上馨外相辞任、伊藤博文首相の兼務を経て翌21年政敵である大隈重信が外相として入閣 後藤象二郎らが大同団結運動を図る 保安条例が公布される
明治21(1888)	枢密院が設置され（議長・伊藤博文）、大日本帝国憲法・（旧）皇室典範の草案を審議する枢密院会議が始まる
明治22(1889)	２月11日、皇居・正殿で大日本帝国憲法発布式がおこなわれ、同日に（旧）皇室典範も制定
明治23(1890)	第一回衆議院議員総選挙 教育勅語が発布される 11月29日、第一回帝国議会開院式が開かれ、同日に大日本帝国憲法施行

人　名　索　引

※「人物略歴」に掲載した人物に限る
※各章ごとに本文初出の頁数のみを記載
※同一頁で異なる章の場合は次頁以降の初出を記載

表紙写真説明

写真はすべて国立国会図書館蔵

葦津珍彦（あしづ・うずひこ）

神道思想家。明治42年７月17日福岡県生まれ。終戦直後の昭和21年、宮川宗徳・吉田茂らとともに神社本庁設立に尽力。同年に創刊された神社界の機関紙「神社新報」の運営にも携わり、神社界のオピニオンリーダーとして時局論や神道ジャーナリズムの文を多数書いた。その後も伊勢の神宮に奉祀される神鏡の法的地位確認をはじめ、靖國神社国家護持、紀元節復活、剣璽御動座復古、元号法制化などの国民運動で重要な役割を果たし、理論的指導者として活躍。自ら「神道の社会的防衛者」を任じ、「神道の弁護士」「神道防衛者」などと呼ばれた。平成４年６月10日、鎌倉の自宅にて帰幽（82歳）。

著作は多数にのぼるが、主な著書に『天皇・神道・憲法』『明治維新と東洋の解放』『武士道』『国家神道とは何だったのか』『天皇―昭和から平成へ―』など。過去の論考をまとめたものに『葦津珍彦選集』（全３巻）、『「昭和を読もう」葦津珍彦の主張シリーズ』（全６巻）などがある。

明治憲法の制定史話

平成三十年二月十一日　第一刷

著者　葦津珍彦

発行　神社新報社
（時の流れ研究会）

東京都渋谷区代々木一―一―二
電話〇三―三三七九―八二一一

印刷
製本　富士リプロ